目标

［英］理查德·怀斯曼
（Richard Wiseman） 著

路本福 译

SHOOT FOR THE MOON
ACHIEVE THE IMPOSSIBLE WITH THE APOLLO MINDSET

CS 湖南文艺出版社
PUBLISHING & MEDIA HUNAN LITERATURE AND ART PUBLISHING HOUSE

博集天卷
CS-BOOKY

SHOOT FOR THE MOON
Copyright © Richard Wiseman 2019
This edition arranged with PEW Literary Agency Limited, acting jointly
with C+W, a trading name of Conville & Walsh Ltd
through Andrew Nurnberg Associates International Limited

著作权合同登记号：图字 18-2020-133

图书在版编目（CIP）数据

大目标 /（英）理查德·怀斯曼（Richard Wiseman）
著；路本福译 . -- 长沙：湖南文艺出版社，2020.12
书名原文：SHOOT FOR THE MOON
ISBN 978-7-5404-9816-0

Ⅰ . ①大… Ⅱ . ①理… ②路… Ⅲ . ①成功心理—通
俗读物 Ⅳ . ① B848.4-49

中国版本图书馆 CIP 数据核字（2020）第 206549 号

上架建议：心理励志

DA MUBIAO
大目标

作　　者：〔英〕理查德·怀斯曼（Richard Wiseman）
译　　者：路本福
出 版 人：曾赛丰
责任编辑：匡杨乐
监　　制：邢越超
策划编辑：李齐章
特约编辑：王　屿
版权支持：辛　艳
营销支持：文刀刀　周　茜
版式设计：潘雪琴
封面设计：主语设计
内文排版：百朗文化
出　　版：湖南文艺出版社
　　　　　（长沙市雨花区东二环一段 508 号　邮编：410014）
网　　址：www.hnwy.net
印　　刷：北京天宇万达印刷有限公司
经　　销：新华书店
开　　本：880mm×1270mm　1/32
字　　数：199 千字
印　　张：8
版　　次：2020 年 12 月第 1 版
印　　次：2020 年 12 月第 1 次印刷
书　　号：ISBN 978-7-5404-9816-0
定　　价：48.00 元

若有质量问题，请致电质量监督电话：010-59096394
团购电话：010-59320018

献给月球。

谢谢你让我们仰望夜空，助我们雄心勃勃踏上漫漫征途。

我们选择在这 10 年间登上月球，并实现更多的梦想，不是因为做到这一切轻而易举，而是因为困难重重，因为这个目标有助于最大限度地组织和衡量我们的能力，因为这个挑战是我们乐于接受的，因为这个挑战是我们不愿推迟的，因为这个挑战是我们志在必得的。

—— 约翰 · 菲茨杰拉德 · 肯尼迪，1962 年 9 月

目录
CONTENTS

SHOOT FOR THE MOON

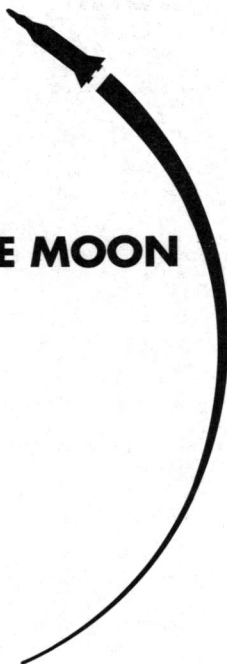

时间线
TIMELINE

1957 年 10 月

苏联发射人类第一颗人造地球卫星"斯普特尼克"1 号。

1957 年 11 月

苏联发射"斯普特尼克"2 号人造卫星，将小狗莱卡送上太空。

1961 年 4 月

苏联宇航员尤里·加加林完成绕地球一周的轨道飞行，
成为第一个进入太空的人。

1961 年 5 月

艾伦·谢泼德成为第一个进入太空的美国宇航员。

1961 年 5 月

肯尼迪在国会宣布将在 1970 年之前把美国宇航员送上月球。

1962 年 9 月

肯尼迪在莱斯大学发表演讲《我们选择登月》。

1967 年 1 月

"阿波罗" 1 号指令舱发生大火，三名宇航员丧生。

1968 年 12 月

"阿波罗" 8 号完成人类历史上第一次载人绕月飞行任务。

1969 年 7 月 16 日

尼尔·阿姆斯特朗、巴兹·奥尔德林和迈克尔·科林斯乘坐
"阿波罗" 11 号开始了奔赴月球的历史性旅行。

1969 年 7 月 21 日

阿姆斯特朗踏上月球表面，并宣布：
"这是我个人的一小步，却是人类的一大步。"

1969 年 7 月 24 日

"阿波罗" 11 号飞船指令舱在太平洋海面安全溅落，实现了肯尼迪的宏大目标：
在 1970 年之前把美国宇航员送上月球，实现月面行走并安全返回地面。

序
PREFACE

　　翻开任何一本励志书，你几乎都会读到很多成功人士的故事，其中包括天赋异禀的奥运会选手、精明冷静的霸道总裁和胆识过人的企业家。本书选择了一个截然不同的视角来讲述关于成功的故事，这个故事的主角是一群非常年轻的普通人。他们的励志故事鲜为人知，但他们在人类最伟大的创举中发挥了关键作用。最重要的是，一旦知道了他们是如何做到的，你就能追随他们的脚步，在自己的人生征途上取得非凡的成就。

　　作为一名心理学家，我花费了大量的时间研究某些个人和组织为什么能取得巨大的成功。几年前，我对美国登月产生了兴趣，开始研读相关的档案，结果惊讶地发现，虽然记载登月技术的文档非常完备，但这个伟大创举背后的心理学因素在档案中几乎无迹可寻。随着研究的进一步深入，我又有了其他惊人的发现。

　　1969 年 7 月 21 日，"阿波罗" 11 号飞船的宇航员尼尔·阿姆斯特朗在粉状的月球表面留下了人类的第一个脚印，超过 5 亿人在地球上通过电视转播见证了这一历史性的时刻。此时距离肯尼迪总统在国会发表登月演讲仅仅过去了 8 年的时间。当时他宣布说，要在 1970 年之前，把一名美国人送上月球。

现在来看，这在当时是一项无比艰巨的任务啊！

　　要知道，在肯尼迪总统发表历史性的登月演讲时，美国才刚刚实现了把一名宇航员艾伦·谢泼德送到距离地球 100 多千米的亚轨道，而且他在亚轨道的飞行仅仅持续了 15 分钟。肯尼迪的大胆设想要求把几名宇航员送到距离地球超过 38 万千米的太空，在一个遥远且环境恶劣的星球上降落，然后还要安全返回地面。跟这个大胆的设想相比，即便是现今用于太空旅行的航天飞机和国际空间站也要相形见绌，因为它们距离地球也就 400 千米左右。此外，肯尼迪设定的登月目标必须在短短几年之内完成，要知道，当时最顶尖的模拟计算机和大型机的处理能力还不如现在的一部智能手机。

　　在很多人看来，肯尼迪的梦想根本不可能实现。然而，与此同时，也有成千上万的人聚到了一起，立志要把这个梦想变成现实。他们发明了新的技术，战胜了挫折和悲剧，建造了包含数百万个定制零件的宇宙飞船。登月计划最终取得了巨大的成功，这个成功出乎很多人的预料，也给整个世界带来了前所未有的乐观情绪和希望。

　　对大多数人来说，每当提到阿波罗登月，脑海中浮现的就是穿着白色太空服的宇航员在月球表面小心翼翼行走的画面。这些无畏的航天英雄们当然是阿波罗登月计划得以成功的关键所在，但他们并不是故事的全部。只要随便观看一部关于登月的纪录片，你很快就会看到任务控制中心的画面——在一个巨大的房间里，到处可见控制台、大屏幕和头戴耳机的人。这个令人印象深刻的机构可是航天任务的核心所在。这里的技术人员可能从未穿过太空服，也没去过太空，相反，他们穿的都是平常的衣服，他们的双脚牢牢地踩在地面上，他们通常也会避开众人的眼光。然而，他们是整个登月大计得以成功的关键。

　　设想一下，如果你生活在 20 世纪 60 年代初，然后接到一个任务，让你在 1970 年之前把一个人送上月球。这个任务可谓全球瞩目，而且关系到整个国家的声誉。那么，你会为任务控制中心招募什么样的人？你很可能会去寻找最富有经验的科学家和工程师，或者从国内顶尖大学和学院毕业的人中筛选。但事实上，美国登月任务控制中心的工作人员几乎都不具备这样的属性。相反，他们中的大多数人都出身于普通的工薪家庭，而且通常是家里的第一个大学生。最令人惊讶的也许是他们的年龄，因为他们都非常年轻。事实上，在阿姆斯特朗登上月球时，任务控制人员的平均年龄才 26 岁。在这些人身上，很难看到我们经常提及的那些成功特质，然而，正是他们把一项看似不可能的任务变成了现实。

　　我想从心理学的角度去发掘一下，看看任务控制中心为什么会成为成功的温床。幸运之神对我非常垂青，给了我采访一些关键人物的机会。这些人如今都已经七八十岁了，他们慷慨地给了我大把的时间，也向我袒露了他们的心声。他们都是历史的见证人和创造者，他们都能讲述令人着迷的故事，而且他们都是非常有趣的人。比如说，在一次采访中，我问一位当年的工作人员："你们在接受培训时，是不是真的要求在沟通中要做到言简意赅？"他想了一会儿，然后回答说："是。"

　　最终我发现，他们之所以能取得惊人的成就，是因为他们有一种独特的思维方式。通过采访当事人、查阅登月档案和进行学术研究，我确定了八项原则。我深信，只要坚持这八项原则，我们的生活就会变得非常高效，变得不同凡响。接下来，你会踏上一段旅程，其间你会发现肯尼迪的梦想是如何变成现实的，你会重温那些历史性的时刻，也会与那群创造了非凡成就的普通人擦肩而过。在这段旅程中，你也会看到故事背后蕴含的心理学原理，其中包括：成功的种子是如何在总统先生富有感召力的演讲中播下的？悲观是如何发挥重要作用的？恐惧和悲剧是如何转化为乐观和希望的？

或许最重要的是，你在这段旅程中能发现一些切实可行的操作技巧，借助这些技巧，你可以把这些心理学原理运用到自己的工作和生活中。不管你是想开始创业、换份工作、找到自己的理想伴侣、营造一个充满爱的小家，还是得到提拔、获得新的职业资格、逃离毫无意义的尘世纷争、找到值得追逐一生的梦想，这些技巧都将帮助你登上属于你自己的月球。

第 **1** 章

我们选择登月……

整个国家是如何迷上登月任务的？

如何充分利用激情的力量？

1957 年 10 月，美国哥伦比亚广播公司播出了《反斗小宝贝》的第一集，这部标志性的情景喜剧围绕一名 8 岁小男孩西奥多·比佛·克利佛的冒险故事展开，为 20 世纪 50 年代美国中产阶级的家庭生活大唱赞歌。

这部电视剧的上映可不是一帆风顺的。按照制作人最初的构想，第一集的剧情是这样的：比佛买了一只短吻鳄当宠物，然后把这个宠物藏到了他爸妈卫生间的马桶水箱里。可是，依据当时的监管规定，不建议电视上出现卫生间和马桶的画面，第一集的剧情设定让哥伦比亚广播公司的领导层非常紧张。经过几轮争论，制作人答应重新剪辑有关短吻鳄的剧情，只在必要的地方出现几个马桶的镜头。不幸的是，重新剪辑所花的时间超出了预期，所以，哥伦比亚广播公司开播时被迫选择了另一个版本。

1957 年 10 月 4 日，星期五，数百万美国人下班后观看了《反斗小宝贝》的首播，大家显然对所谓的争议选择了无视。比佛感觉自己要被学校开除了，于是躲到了一棵树上，他决定要做些补救工作，于是送了一个橡胶做的缩水人头给他的老师。大家都觉得这只是个并无恶意的玩笑，整个剧情要传递的世界观还是安全可靠的。然而，仅仅几天之后，这种安全可靠的世界观在现实世界中就荡然无存了。

就在《反斗小宝贝》开播前的几小时，有些美国人注意到天空中有一个小小的光球在快速移动。几乎就在同时，业余无线电爱好者听到了一连串非常奇怪的哔哔声。发现奇怪现象的消息迅速传播开来，几天之后，人们就开始担心了。很多人认为奇怪的光球和声音是一种新型的流星造成的，也有人认为外星人就要入侵地球了，还有一些人觉得是大家出现了幻觉和幻听。事实上，真相远比大家想的更为严重。

就在那天早些时候，苏联把人类第一颗绕地球运行的人造卫星送入了轨道。这颗名为"斯普特尼克"1号的人造卫星跟一个篮球差不多大，在距离地球数百千米的轨道飞行，每天都会从美国上空飞过好几次。苏联希望确保他们发射到太空的这颗小球能吓到美国，于是把它做成了球形，而且进行了高度抛光，以便这颗小球能最大限度地反射太阳光，让站在地面上的人都能够看到它。为了增加神秘感，苏联在发射当天并没有公布这颗人造卫星的照片，而是选择了发射成功数天后才对外公布。

苏联的计划完美得逞。美国人真慌了，各种担忧接踵而来。这个"天空之眼"出现后，山姆大叔还有秘密可言吗？用于发射"斯普特尼克"1号的火箭是否也能携带核弹头呢？两个超级大国之间的冷战已经上升到一个新的高度，太空竞赛开始了。

从心理学的角度来看，"斯普特尼克"1号还是很迷人的，因为它的确发挥了强大的威慑作用。随便找个经历过那个时代的美国人问问，他们都会谈到这个小小的光球带来的恐惧感。突然之间，他们的未来就变得难以预料了，此前的确定性不复存在。近乎绝望的人们把目光转向了总统，他们希望看到一个强有力的领导者，一双能够牢牢把控住前进方向的手。不幸的是，他们要失望了。

怎么能不对危机做出回应呢？

"斯普特尼克"1号发射升空的那个早晨，艾森豪威尔总统已经离开了华盛顿特区，准备周末去打高尔夫了。消息传开后，他也没有及时针对这颗神秘的光球召开新闻发布会，发布会是在五天后才召开的。当他最终出现在记者们面前时，总统先生却有意淡化了威胁，转而呼吁民众保持冷静。美国的政客们开始担心，他们的领导人显然没能正视现实。有一名参议员恳求总统能够站出来宣布设立国家"耻辱和危险周"。密歇根州的州长格哈德·门宁·威廉姆斯甚至在《纽约时报》上发表了一篇抨击总统的讽刺诗：

"斯普特尼克"1号，
小光球，高高飞在太空中。
哔哔声来自莫斯科，
告诉全世界这是苏联的天空，
可山姆大叔还没醒。
不管你是在球道上还是在障碍区，
你说的话都会直达克里姆林宫。

我们的高尔夫球手啊，

快告诉我们如何赢得这场竞争。

几天后，《反斗小宝贝》的第二集播出了，宠物短吻鳄登场，这部情景喜剧也因此成了美国历史上第一部播放马桶镜头的电视剧。不过很遗憾，影视界的这个里程碑完全被"斯普特尼克"1号的光环给遮蔽了。当时，这个小光球的影响力已经辐射到社会生活的方方面面，酒吧里的男招待开始调制"斯普特尼克"1号鸡尾酒，商店里摆满了玩具厂家推出的"斯普特尼克"1号模型和仿制的太空服。

发射升空三个星期后，"斯普特尼克"1号的电池耗尽，哔哔声终于消失了。不过，美国的担忧却与日俱增。有些政客表示，美国人把太多精力放在了追求美好生活上，他们根本没把这个银色的小球放在心上，比起国家的安危，他们更关心自己的家是不是足够舒适。共和党参议员斯特尔斯·布里奇斯更是直言：

"是时候做出改变了，别再那么关注新地毯的绒毛到底有多厚或者新车的尾翼到底有多高，我们现在要做好充分的准备，准备用我们的鲜血、汗水和泪水拯救这个国家，拯救自由世界。"

在地球的另一端，一个截然不同的故事也开始迅速升温。"斯普特尼克"1号给美国造成的恐慌让苏联的领导层非常受用，他们迫切地希望能够乘胜追击。政府立即下令在邮票、海报和杂志封面上都印上"斯普特尼克"1号的照片。此外，迅速给国内顶尖的火箭专家开绿灯，准许他们进入太空项目研究的下一个阶段。

一个月后，美国的处境变得更加糟糕了。为庆祝十月革命 40 周年，苏联把一个活物送上了太空，进入了绕地球运行的轨道——"斯普特尼克" 2 号里面有一只名叫莱卡的小狗。苏联的科学家原本计划建造一艘能把莱卡安全带回地球的宇宙飞船，但由于时间非常紧张，最终被迫给了莱卡一张单程票。莱卡离开地球后，短短几小时内就在高温和高压中痛苦地死去了，但这次飞行足以证明动物能够承受失重的状态，苏联可能很快就会考虑把一个活人送入太空了。西方国家再一次被震惊。

1957 年 12 月 6 日，《反斗小宝贝》的第十集开播，剧中的小英雄比佛在学校的舞会上被公开羞辱。就在当天早些时候，美国也陷入了几乎同样的境地。在全世界媒体的聚焦下，美国试图发射自己的第一颗人造卫星。先锋 TV-3 火箭缓缓地离开了发射架，然后迅速返回地球，消失在一个巨大的火球中。这可给了全球各地新闻编辑一个飙创意的机会——《每日快报》的新闻标题是：出毛病计划；《每日先驱报》的新闻标题是：失败卫星；《新闻纪事报》的新闻标题是："待在地面"号卫星。苏联还语带嘲讽地建议说，美国可能有资格申请联合国对不发达国家的援助。

美国必须做点儿什么了，而且刻不容缓！

敢于做大，敢为人先

1958 年，艾森豪威尔政府创立了美国国家航空航天局（NASA），投入数百万美元进行科学教育。两年后，约翰·肯尼迪和理查德·尼克松开始角逐美国总统宝座，美苏之间的太空竞赛成了总统竞选的核心议题。肯尼迪向选民承诺：他会尽最大努力确保美国第一个冲过终点线。结果，肯尼迪以微弱优势击败了尼克松，两个人拿到的普选票极为接近。

年轻的总统显然处在一个民意分裂的时期，他迫切地希望赢得民众的支持，迫切地希望自己的就职演说能够给人留下深刻的印象，他把求助的目光投向了泰德·索伦森。泰德是肯尼迪的顶级演说撰稿人，文字功底极为深厚，他特别擅长用简短的语句传达伟大的思想。1961 年 1 月 20 日，43 岁的肯尼迪成了美国历史上最年轻的总统之一。那一天寒意袭人，地上覆盖着皑皑白雪，万籁俱寂。不过，依然有无数人聚集到现场，肯尼迪走上讲台，发表了自己的就职演说。这篇演说后来被公认为美国历史上最精彩的政治演说之一。

肯尼迪面对的是刚刚经历过第二次世界大战的一代人，他们也是迷茫的一代。年富力强的肯尼迪已下定决心，他要把这代人凝聚在一起。他在演说中鼓励每一个美国人去思考自己能够如何帮助他人，他强调了公共服务的价值。演说持续了 14 分钟，最后的结束语是对他的大胆设想的完美概括，其中有一句话早已广为人知："不要问你们的国家能为你们做些什么，而要问你们能为国家做些什么。"

尽管刚入主白宫的肯尼迪心存乐观，但他的执政之路开始得并不顺利。1961 年初，山姆大叔又受到了几次羞辱：一是武装并指导古巴流亡人士发动了一次筹划不当的入侵行动，在古巴猪湾登陆时被轻易打败；二是接下来的几次火箭发射均以失败告终。肯尼迪开始把注意力转移到跟苏联的太空竞赛上，他浏览了美国顶尖的科学家和工程师们准备的应对方案。有些专家建议美国跟苏联直接"硬刚",尝试发射更大的卫星,也有人提议建造一个巨大的空间站,让它永久绕着地球运行。不过,肯尼迪知道,他描绘的愿景必须具备把数百万、数千万人拧成一股绳的力量。他需要一个更大胆的想法,一个更宏伟的构想。

经过长达数月的开会讨论,一个符合肯尼迪心意的想法浮现了出来:世界上第一次载人登月。为了不让苏联人抢占先机,肯尼迪给这个计划设了一个很苛刻的时限,他宣布要在 1970 年之前让一名美国人在月球上漫步。所有人都被惊到了,这个目标也太大胆了!

在肯尼迪看来,这个雄心勃勃的想法堪称完美,因为它符合所有的要求。人类第一次登月绝对是万众瞩目,而且肯定会在历史上留下浓重的一笔。此外,载人登月绝对是一记"绝杀",能让美国在太空竞赛中反败为胜,赶超苏联。最重要的是,总统也可能认为,成功登月可以确保民主力量对天空的控制权,能够为世界和平做出更大的贡献。不过,他得先解决一个大问题——登月肯定耗资巨大,肯尼迪必须说服国会,让那些议员们觉得花那么一大笔钱是值得的。

1961 年 5 月,肯尼迪出现在了美国国会的联席会议上,他要向大家传递一个特殊的信息,这个信息关乎"国家的急迫需求"。总统先生简要描述了在 1970 年之前把一名美国人送上月球的宏大愿景,然后平静地解释说,这个计划会面临巨大的技术挑战,而且会占用一大笔公共资金。不过,肯尼迪显然已下定决心,他表示再也没有任何事比把一名美国人送上月球更重要了:

"我恳请国会和这个国家支持开展一项新的行动,并且能够恪守承诺……

如果我们在面临困难时半途而废，或变得目光短浅，那么在我看来，最好就不要开始。"

肯尼迪随后宣布说，除非所有美国人携起手来，团结奋进，否则根本不可能实现这个宏大的目标。对肯尼迪来说，这可不仅仅是把一名美国人送上月球，而是要让整个国家去探索星空。

最后，肯尼迪表示，希望国会深思熟虑，因为整个计划需要耗费 70亿 ~ 90 亿美元（事实上，整个计划最终耗费了大约 250 亿美元，顶峰时占到了整个国家年度公共开支的 5%）。

总统先生担心国会拒绝他的提议，或者不给那么多资金，但他的胆识和他所描绘的愿景最终征服了国会，在仅仅一小时的辩论之后，国会就通过了他的提议。

他赢得了国会的支持，但他也能把美国大众动员起来，让大家支持他的计划吗？

"我们选择登月"：激情的力量

整个 1961 年，一个太空特别工作小组都在为任务总部选址，并最终决定把他们的载人航天中心建在得克萨斯州休斯敦市郊的莱斯大学附近。1962 年 9月 12 日，肯尼迪在莱斯大学的橄榄球场宣布了他的梦想：要在 1970 年之前把人类送上月球。

肯尼迪的演讲吸引了超过 4 万人参加，15 岁的小男孩特里·奥鲁克也在听众席上。现在已经70多岁的特里还清晰地记得他见到肯尼迪时的情形："上万个日子已经过去了，但那几小时还清晰地印在我的脑海中。那天我跟学校请了假，骑车去了莱斯大学的橄榄球场。当年的安保措施还非常宽松，所以我就进去了，然后找了个位置坐下。那天可真热啊。潮湿炎热的亚热带气候把所有人都折腾得够呛。"

肯尼迪的演讲稿还是跟泰德·索伦森一起打磨的，他们希望这次演讲足够有吸引力，而且能够鼓舞人心。特里坐在听众席上，看着总统走上讲台。肯尼迪的开场白是这么说的：

"我们相聚在这所以知识著称的大学，这座以进步著称的城市，这个以实力著称的州。现在，这三者我们都需要。"

特里立刻就感受到了肯尼迪本人以及他的演讲带来的力量："别忘了，那可是冷战时期，所有人都在担惊受怕。我们根本不知道苏联已经在太空竞赛中领先我们多少了。现在肯尼迪来了，帅气、聪明、富有魅力，他告诉我们还有希望。"

演讲一开始，肯尼迪先简要描述了那个已经打动国会的愿景：美国将在1970年之前把一名美国人送上月球。接下来，肯尼迪谈了这个富有开创性的愿景多么令人兴奋，而且强调了太空竞赛对整个人类未来的重要性：

"我们的先辈确保这个国家赶上了工业革命、现代发明和核能技术的第一波浪潮，而我们这一代人也不希望在即将来临的太空时代无所作为。我们要加入其中，我们要引领潮流。如今全世界的目光都投向了太空，投向了月球以及更遥远的星球，而我们发誓绝不让太空臣服于对手的旗帜之下，它应飘扬自由与和平的旗帜。我们发誓不让太空充斥大规模杀伤性武器，而是布满获取知识和见解的仪器工具。"

　　跟附近的得克萨斯大学奥斯汀分校相比，莱斯大学的规模要小得多。在过去的很多年里，两所大学的橄榄球队竞争都非常激烈，通常都是得克萨斯大学的长角牛队击败莱斯大学的猫头鹰队。肯尼迪巧妙借用两队之间的较量强调了勇敢迎接艰巨挑战的重要性，并因此赢得了当天最热烈的掌声：

　　"有些人可能会问，为什么要登月？为什么选择登月作为我们的目标？他们很可能还会问，为什么要攀登最高的山峰？为什么要在 35 年前飞越大西洋？为什么莱斯大学队要跟得克萨斯大学队比赛？我们选择在这 10 年间登上月球，并实现更多的梦想，不是因为做到这一切轻而易举，而是因为困难重重，因为这个目标有助于最大限度地组织和衡量我们的能力，因为这个挑战是我们乐于接受的，因为这个挑战是我们不愿推迟的，因为这个挑战是我们志在必得的。"

　　特里记得整个球场的人都被肯尼迪的激情和热情点燃了："我 100% 信任他。他说我们要登上月球，我完全相信他的话。我们都相信他的话。你可以说这是盲目乐观、傲慢自大或者过于天真，但当时在场的所有人都打心眼儿里觉得美国能实现这一创举。"

　　随后肯尼迪把讲话的重点从"为什么"要登月转向了"如何"登月。他承认美国当前的航天技术相对落后，还有很多技术难关需要攻克。总统宣布说，要想实现登月，必须建造一个巨型火箭，火箭的长度得跟莱斯大学的橄榄球场一样长，还必须设计出比全世界最精密的钟表还精准的仪表，研发出超级耐热的材料，这些材料要足以抵挡太阳表面温度一半的高温（肯尼迪又用了一个诙谐的比喻："就跟今天一样的酷热。"）。

在结束这次历史性的演讲之前，肯尼迪把登月跟世界上最伟大的探险家攀登珠穆朗玛峰的壮举进行了类比：

"多年前，伟大的英国探险家乔治·马洛里在珠穆朗玛峰遇难。此前，有人问他为什么要攀登珠峰。他说：'因为山就在那里。'是的，太空就在那里，而我们将要去攀登；月球和行星就在那里；知识与和平的新希望就在那里。因此，在启航之际，我们祈求上帝保佑这项人类有史以来所从事的最危险和最伟大的探险事业。"

肯尼迪讲到了让这个世界变得更加美好非常重要，这让当时 15 岁的特里·奥鲁克产生了强烈的共鸣："他的演讲真的触动了我。就在那一天，他在我的心中埋下了一颗种子，让我觉得应该为更伟大的事业做点儿什么。离开球场时我就想，要尽自己最大的可能帮助我的国家，帮助全人类。"

离开莱斯大学后不久，特里就给当地的国会议员写了一封信，而且很快就被邀请到众议院去当了个小听差。一年后，特里迎来了他人生中又一个难忘的时刻，他在白宫的草坪上得到了肯尼迪总统的接见。特里后来去学了法律，在很长一段时间内都在从事法律工作，而且表现出色。特里一直都在为社会正义和环境保护而战，始终跟肯尼迪为更伟大的事业奋斗的目标保持一致。作为总统团队的一员，特里参与了说服国会设立美国能源部的工作。此外，特里在吉米·卡特担任总统时也曾在白宫工作。

被肯尼迪的演讲改变命运的人可不止特里一个。当天还有一个人就站在距离特里不远的地方，他就是莱斯大学的学生、一流的篮球运动员杰瑞·伍德菲尔。

杰瑞来自印第安纳州，从小就喜欢打篮球，最终拿到体育奖学金进了莱斯大学。跟特里·奥鲁克一样，杰瑞当天也去听了肯尼迪的演讲，也对当天的酷热记忆犹新。当时杰瑞的状态并不是特别好，他的考试成绩很不理想（2个C，2个D，1个F-），篮球训练也非常辛苦。肯尼迪一开始演讲，杰瑞就觉得内心的某些东西被激发了。听完整个演讲后，杰瑞已经变了一个人。肯尼迪描绘的登月愿景让杰瑞感到热血沸腾，他决定放弃自己的篮球生涯，转而把全部精力用来学习电气工程。从莱斯大学毕业后，他去美国国家航空航天局应聘并被录取，随后的工作是帮助设计登月所用宇宙飞船的安全系统。1969年7月20日，也就是在莱斯大学聆听肯尼迪的演讲仅仅7年后，杰瑞已在载人航天中心忙碌着，为尼尔·阿姆斯特朗和巴兹·奥尔德林漫步月球提供帮助。

在整个美国，数百万人受到了肯尼迪登月愿景的激励和鼓舞，很快整个国家都迷上了太空。总统先生仅花了几个月时间，就把政治家、公众、科学家和工程师都调动起来了。美国找到了自己梦想的目的地，人类已经踏上了登月的征途。

利用好激情的力量

美国的登月梦想也点燃了全世界人民的热情。有些人小时候就读过飞侠哥顿和巴克·罗杰斯的故事，所以对探索太空的想法很感兴趣；还有些人想要登上月球，因为这是一项艰巨、新奇而且需要勇气的挑战；也有一些人是被强烈的使命感所驱使，就像肯尼迪一样，他们深信探索太空能够弘扬自由和民主精神，帮助子孙后代创造一个更美好的世界。当然，也有一些人很喜欢太空竞赛带来的紧迫感，急切地想要赶在苏联前面冲过终点线。

同样的激情也鼓舞了很多科学家和工程师，他们是最终把肯尼迪的愿景变成现实的人，他们之所以能够取得成功，靠的就是一股子激情。激情把工作变成了玩乐，让他们愿意去承受长时间的投入，愿意在无比苛刻的截止日期之前把事情做完。小比尔·廷德尔是阿波罗计划中最资深的工程师之一，在美国成功登月几年后，有人问廷德尔，到底是什么激励着那么多的人，让他们愿意为了实现登月梦想辛勤地工作？廷德尔并不认可"工作"这个词，他表示：

"我觉得应该把'工作'这个词换成'玩儿'，因为我们从来都没觉得我们是在工作。我向上帝发誓，事实就是如此。这简直太好玩儿了。"

任务控制中心的很多人也是这么想的。飞行控制主管格林·伦尼是最终把尼尔·阿姆斯特朗送上月球的团队中的一员，有人问他对此有何感想，他回答说："我们很喜欢这个任务。我们喜欢自己做的事情，我们喜欢这份携手奋斗的情谊，我们喜欢竞争，我们为美国人民做了一件重要的事情，我们喜欢这种使命感。"飞行控制指挥官史蒂夫·贝尔斯也认同这种说法，他表示能成为阿波罗任务团队的一员感觉非常兴奋，也很好玩儿，他还说即便付给他的薪水仅够糊口他也愿意做。还有人问飞行控制主管格林·伦尼，如果需要，他还愿意面对这种超高的工作负荷和超强的工作压力吗？他马上回答说："当然愿意。只是一想到必须给这份工作画一个句号，我就很伤心。"

飞行控制人员的这些说法可是有充分科学依据的。加拿大魁北克大学的罗伯特·维勒兰德教授发表过上百篇有关激情心理学的学术论文。在研究过成千上万富有激情的人之后，维勒兰德教授发现，这个经常被忽视的因素竟然是成功的秘诀之一。在做自己喜欢的事情时，人们会觉得只是在玩儿，而不是在工作，当任务变得更加艰巨时，他们也更有可能坚持下去。最终他们的工作会变得非常有成效，他们因此也更容易取得成功。当肯尼迪宣布要把美国人送上月球时，整个国家的激情都被点燃了。就个人生活和职业发展而言，这种激情也具有同样的魔力，它能够促使人们去攀爬看似遥不可及的高峰。

如果你想找到自己梦想的目的地，只要追随你的激情就好了。如果你被迫去走一条特定的路，那就想办法让自己充满激情地踏上征途。不幸的是，绝大多数人都只是在苦苦挣扎，他们根本不清楚到底什么能让自己眼前一亮，到底选择什么样的生活才不枉此生。下面的这些技巧能够帮助你给生活注入更多的激情，让你有足够的燃料登上自己的月球。这些技巧的设计参考了促使人们对肯尼迪的梦想充满激情的要素，你需要做的就是：回答 9 个至关重要的问题，了解跟树立远大目标相关的科学知识，让今天成为你生命中最重要的一天，营造属于你自己的太空竞赛。

9 个问题

参与登月计划的许多科学家和工程师都是飞行和太空探索方面的铁杆粉丝。其实，大部分人都跟他们一样，也有自己喜欢的事情，比如绘画、陶艺，或者音乐、马赛克，这种爱好通常在人们年轻的时候就培养起来了，而且有可能会伴随他们一生。不幸的是，随着年龄的增长，生活变得越来越复杂，在忙忙碌碌中，人们渐渐忘记了那些曾经让自己充满活力的事情。如果你对这句话深有同感，可以试试下面的这个技巧，看看能不能找回昨日的热忱和激情。

首先，找个安静的地方，回答以下 9 个问题，并把你的答案写下来。

1. 生活中总有一些瞬间让你感到超级兴奋，感到充满了激情和活力，列出三个这样的瞬间。

2. 假如你被锁在了一个房间里，而且只被允许阅读一个主题的图书和杂志，你会选择哪个主题？

3. 假设你拥有取之不尽的财富，可以随心所欲地去做自己喜欢的事情。你已经环游了世界，也买了几套房子，该帮助的亲朋好友也都帮了，该做的慈善也都做了，那么，接下来你会做什么？

4. 小时候你最喜欢做的事情是什么？有没有儿时的玩具或者其他什么东西让你保存了好多年？如果有，你为什么会保留那么久？

5. 有哪些曾经的兴趣爱好已经从你的生活中消失了？

6. 假设你已到迟暮之年，回首走过的一生，你觉得刚刚过去的 30 年本应如何度过？你有哪些遗憾？有哪些本该做却没有做的事情？

7. 假设你可以创造出某种东西，任何东西都行。比如一种新型的手推车、一个新的超级英雄、一家新网站或者学习吉他的一种新方法。假设你有这种创造力，那么，你会选择创造什么？

8. 你是否有过这样的经历：你正在参加某项活动，突然觉得时间过得飞快？比如说，你以为自己已经忙活了 30 分钟，结果发现几小时已经过去了。

如果你有过这样的经历，那么，当时你正在干什么？

9. 假设有人给了你一块巨大的木板，让你用自己喜欢的图片把它贴满。你可以选择任何形式的图片，照片、涂鸦作品、画作都可以。那么，你会用什么样的图片把木板给贴满？

你可能已经猜到了，这9个问题的设计目的就是帮你找到自己所钟爱的事情。随后我会请你回顾一下自己的答案，通过确认答案中出现的主题找出你的激情所在。不过，在开始回顾之前，请先思考以下两点。

不要担心自己激情泛滥。心理学家本杰明·谢伦伯格曾经找了1000名学生来做实验。他先让学生说说生活中有几件事情是他们特别钟爱的：没有，还是一件，或两件？然后再请他们说说自己是否身体健康、幸福快乐。结果发现，选择两件事情的学生是最幸福的。由于担心这些学生之所以会觉得幸福，可能是在自己喜欢的事情上投入了更多时间，所以研究人员还要求学生们说明他们在自己钟爱的事情上投入了多少时间。结果再次表明，对两件事情充满激情的学生依然是最幸福的，即便他们在这两件事情上投入的时间跟仅仅只有一种激情的学生投入的时间完全一样。这项研究传递的信息已经很清楚了：在生活中能有一件自己钟爱的事情很好，但能对两件或更多事情充满激情就更好了。

提请注意：别太过头了。研究表明，并非所有的激情都是正向的。有些人会太过沉溺其中，以致让激情控制了自己的生活。通常他们会觉得一旦做了就不能停下来，有时候还会受到外部因素的影响，比如说赞美、声誉或者金钱等。他们坚持做下去是为了获取某种奖励，而不再是单纯地喜欢做这件事情了。这种着魔似的痴迷最终会导致他们精疲力竭，甚至还有可能因此受到伤害。比如说，舞蹈爱好者在腿脚受伤的情况下还坚持跳舞，骑行爱好者在天气极其恶劣时还坚持出去骑车等。确保你是充满激情，而不是沉溺其中不能自拔。

好了，现在就来回顾下你的答案吧，看看你真正关心的是什么，看看到底是什么让你的生活充满了激情。

举例来说，你可能经常提到踢踏舞、黑斯廷斯战役、绘画、手机应用程序开发、陶艺、金属探测或者看戏。不管你喜欢的是什么，现在，请思考一下：如何才能利用你的激情为自己设定一个新的追求或目标，并最终抵达一个理想的目的地。在思考之前，也请考虑以下两点。

首先，很多人想要通过做自己喜欢的事情来谋生。如果你不知道如何才能做到这一点，可以想想如何把激情融入现有的工作中。比如说，你是做人才招聘工作的，但你喜欢技术，那你可以建议公司，让你带领一个小组研究一下如何借助社交媒体为公司挖到新的人才。再比如说，你是做客服工作的，但你喜欢表演，那你能否利用自己的表演技巧帮助公司跟客户建立良好的关系呢？

其次，如果有好几件事情都能让你充满激情，那就想想，如何才能把自己的激情融会贯通，去做一些独具特色的事情呢？比如说，如果你擅长园艺，而且对数学也非常感兴趣，那你是否能成为一名专注于几何图形的园林设计师呢？再比如说，如果你既喜欢音乐又喜欢健身，那你能否编一些曲子，激励人们去健身房挥汗如雨呢？再比如说，你也可以向"阿波罗"12号的宇航员艾伦·比恩学习。比恩不仅曾漫步月球，还是一名技艺娴熟的艺术家。现在，比恩专注于创作关于月球表面的绘画作品，他的画作中还含有真正来自月球的尘埃。

跟树立远大目标相关的科学知识

不要只是设立小目标。它们可不会让你热血沸腾。

要么做大，要么回家。

——丹尼尔·伯纳姆

当肯尼迪宣布要把美国人送上月球时，他可是设立了一个超高的目标。这种大胆的目标也常被称为"延伸目标"，它能够让人变得更加激情澎湃，能够瓦解自满情绪、促进创新、激发斗志、开阔视野。很多著名机构的做法都已证明：树立远大目标是卓有成效的。比如说，史蒂夫·乔布斯就用他的"现实扭曲力场"（一种混合了人格魅力和愿景的魔力，足以让人们相信他们能把不可能变成可能）把苹果公司带到了新的高度。同样的道理，成功的发明家和企业家埃隆·马斯克也经常利用"过于乐观的截止日期"促使公司实现技术上的巨大飞跃。

研究表明，拥有宏伟的、大胆的、看似不可能实现的目标能够让人热血沸腾，而这种激情对我们每个人都是有好处的。比如说，与其尝试开一家小公司，还不如大胆想象打造一个商业帝国；与其尝试对一小部分人产生积极影响，还不如把目标定为帮助成百上千万的人；与其把完成一小段距离作为自己的跑步目标，还不如立志去跑一次马拉松。在设定延伸目标时，应遵循以下原则。

首先，延伸目标最好能激发出某种"恐惧因素"，让人感到肾上腺素激增，产生一种既兴奋又害怕的感觉。肾上腺素的突然上升其实源自一种情感冲突。理想的延伸目标通常乍看起来都不容易实现，所以总是伴随着不确定性，会让人有点儿畏惧它。但与此同时，延伸目标又是人们觉得必须努力实现的，所以他们会产生一种积极乐观的情绪，心中也会因此充满了希望。

其次，说到延伸，应该有一个理想的范畴。如果你设定了一个看起来雄心勃勃但其实相对容易实现的目标，那这个目标对于你自己或者你所在的组织来说就不是一个真正的挑战。更糟糕的是，一旦实现了这个目标，你很可能会感到懊悔，因为你本来可以实现一个更大的目标。不过，如果你因此走向了另一个极端，结果也好不到哪里去。如果你给自己设定了一个根本不可能实现的目标，比如说"我要在一年之内成为美国总统"，最终你只会感到失望，而且下次再设定目标时你还可能变得缩手缩脚。为了避免走极端，你要评估一下：如果全力以赴，实现目标的可能性到底有多大？在去休斯敦之前，肯尼迪总统就已经咨询过火箭专家和航天工程师的意见，询问他们 1970 年之前把美国人送上月球的可能性到底有多大。他们告诉总统说这是一个遥远的目标，但还是有可能实现的。如果你有 90% 的把握实现某个目标，那这个目标对你来说就太容易了。相反，如果你只有 10% 的把握实现某个目标，那你给自己定的标准很可能过高了。有些研究人员认为，如果实现某个目标的可能性在 50%~70% 之间，那它就是一个理想的目标。

也大胆地为自己设一个理想的延伸目标吧。要敢于做大，敢为人先。要比任何人都更投入、更迅速。要利用好恐惧因素和 50%~70% 规则。设定完延伸目标后，有些组织和个人最终能够实现目标，但也有一些组织和个人无法实现目标。无论结果如何，这个远大的目标都会促使他们踏上征途，即便未能完全实现目标，他们也是成功者，因为他们肯定比那些把目标定得很低的组织和个人走得更远。莱斯·布朗曾经说过一句名言："飞向月球吧，即便最终登不上月球，你也能落在群星之中。"

登月备忘录
主题：SMarT[①] 思维

拥有 SMarT 思维的人设定的目标是具体的、可衡量的、有时间限制的，所以他们更有可能实现自己的目标。肯尼迪描绘的愿景完全符合 SMarT 原则。他没说美国的目标只是飞向太空，相反，他的目标是在 1970 年之前（明确的截止日期）让美国人成功登月并安全返回地球（既具体又可衡量）。

好好运用 SMarT 思维，为自己设定具体的、可衡量的、有时间限制的目标吧，这样你成功的概率会更高。哦，对了，记得把自己的目标记下来。据说把目标记在日记里的人最终把目标变成现实的概率会高出 30% 左右。

最后一点，设定的目标要简洁明了。阿波罗计划的一名宇航员曾经说过，肯尼迪设定的整个愿景只用三个词语就能概括："人。月球。1970。"你能用几个简单的词语概括自己的目标吗？

---

① 即包括 Specific（具体）、Measurable（可衡量）、Attainable（可达到）、Relevant（相关性）、Time-bound（明确期限）的制定目标原则。

让今天成为你生命中最重要的一天

你的一生中有两个最重要的日子，你出生那天，和你弄清楚自己为什么出生那天。

——欧内斯特·坎贝尔

心理学家发现，尽管动物园的管理员们待遇不高，而且还要负责清理动物粪便和洗刷笼舍，他们却是世界上工作满意度最高的一群人。为什么会这样呢？因为他们能够看到自己的辛苦劳动会让这个世界变得更加美好，所以他们愿意长年累月地付出，也愿意忍受那些难闻的气味。简而言之，他们之所以喜欢自己的工作，是因为他们有使命感！

同样的道理，参与阿波罗计划的很多人也是受到了使命感的驱使：他们相信，登月能够弘扬自由和民主精神，帮助子孙后代创造一个更美好的世界。

宾夕法尼亚大学的心理学家亚当·格兰特的一项研究表明，即便是一丁点儿的使命感，也会带来惊人的差异。格兰特所在的大学有一个呼叫中心，中心的工作人员会日复一日地给校友们打电话，问他们是否愿意给学校的奖学金基金捐款。这是一项非常机械的工作，校友们拒绝捐款的情况也是司空见惯。格兰特试图赋予这项单调的工作更多的意义，于是就追踪了一位拿到过奖学金的学生，并让这位学生现身说法，告诉呼叫中心的员工们来自学长们的捐款如何改变了他的生活。员工们突然就意识到了他们为什么要做这项工作，他们发现了工作的意义和价值所在。格兰特跟踪研究了员工们在后面几个星期的表现，结果惊讶地发现，员工们花在打电话上的时间增加了142%，募集到的款项也增加了 171%。

你如何才能为自己的生活注入更多的意义呢？最简单的途径可能是找到帮助他人的方法，为更伟大的事业服务或者让世界变得更加美好。还记得特里·奥鲁克的故事吗？他正是从肯尼迪的演讲中听到了打造一个更美好的未来有多么重要，于是下定决心投入维护社会正义和保护环境的事业中。正如作家亨特·汤普森所言："任何让你热血沸腾的事情可能都是值得去做的。"那么，让你热血沸腾的事情是什么呢？这个世界上有什么问题是你最想去解决的呢？

同样的方法也能帮你给自己的工作赋予更多的意义。心理学家艾美·瑞斯尼斯基是耶鲁大学管理学院的一名组织行为学教授，致力于帮助人们找到几乎所有职业的意义。她的研究被称为"工作塑造"，只需要一些简单的技巧就能让人们爱上自己的工作。

可能最简便的方法就是问自己一个简单的问题：我的工作对别人有什么帮助？事实上，任何职业都能对他人有所帮助，只要抛开常见的工作职责描述，然后多花点儿时间想想就可以了。举例来说，教师们的工作是教书育人，能够让社区里有更多受过良好教育的孩子。手机设计师设计的产品能够成为情感的纽带，让人们彼此分享幸福的时刻。超市的收银员可以提醒自己，帮顾客结账的时间虽然非常短暂，却制造了一个社交机会，这种互动对孤独的顾客而言是非常重要的。

据说有一次肯尼迪造访载人航天中心，他让那里的一名清洁工描述下自己的工作。清洁工回答说："我的工作是帮忙把一个人送上月球。"不管传闻是真是假，这个故事的确抓住了真正的登月精神。成千上万的人加入阿波罗计划可不仅仅是为了设计火箭发动机、拧紧螺栓或者清洁地板。相反，他们认为自己是在为一项重要的事业做出重要的贡献。你也可以把这种态度引入自己的工作场所，用同样的精神去鼓舞周围的同事，很快你就会发现，使命感能够迅速激发出巨大的热情。

你如何才能为自己的生命注入更多的意义？你如何才能为更伟大的事业贡献一分力量？你如何才能让这个世界变得更加美好？什么能够让你心跳加速、热血沸腾？为此你能做什么？记住，你可以把使命感注入任何类型的活动，只要问一个简单的问题就够了："这对别人有什么帮助？"

打造你自己的太空竞赛

1898 年，现代心理学的奠基人之一发现了一件奇怪的事情。当时，诺曼·崔普利特是印第安纳大学知名的心理学教授，但业余时间是当时最流行的骑行运动的拥趸。崔普利特决定把自己对人类大脑的热爱和对骑行的热爱做个结合，于是他就做了一项具有开创性的研究，也因此拉开了整个运动心理学的序幕。

崔普利特查看了美国自行车联盟赛事委员会的比赛时间记录，结果发现了一个奇怪的现象。在有竞争对手的情况下，自行车选手骑得明显更快。在过去的 100 年左右的时间里，又有不少研究发现了同样的现象，研究结果都表明：在跟他人竞争时，不管奖品多么微不足道，人们的表现都会更好。当一个人效力于一个团队时，如果知晓自己和竞争对手的现状，这种效应就更明显了。

这个领域的最新研究成果也揭示出了竞争的重要性。纽约大学的加文·肯达夫教授特别想知道，当一个人知道有人在跟自己竞争并且的确把对方视为竞争对手时，这个人的竞争力会不会变得更强？肯达夫也借用了崔普利特的研究方法，分析了 100 多个长跑赛事的归档数据，结果发现，当有竞争对手存在时，长跑者完成比赛所花的时间就会变少。还有一些研究认为，仅仅设想一下自己正在跟别人比赛，一个人的表现就能变得更加出色。

美国人可不仅仅是想登上月球。相反，他们是想打败苏联这个竞争对手，这种竞争意识赋予了他们活力，给了他们巨大的鼓舞，他们是在为胜利而战。

下次想要激发热情的时候，考虑下打造你自己的太空竞赛吧。你的主要竞争对手是谁？你特别想打败谁？你能通过趣味竞赛的形式激励自己和他人吗？比如说，在组织内的不同部门间开展竞赛，看看哪个部门回收利用的垃圾最多。或者找个小伙伴，比比谁能减掉更多的体重。或者在健身房里设想下你正在跟对手比赛，从而激励自己刻苦训练。不管怎样，只要能够激发出内心的竞争精神，你就能让自己变得激情满满。

小结

追随你的激情。如果你必须朝着某个方向前进，那就想办法让自己满怀激情地踏上征途吧。

★ 要想发掘出深藏心底的激情，想想这些问题的答案：你小时候经常做什么？你的兴趣爱好是什么？如果要去一座荒岛，你会带上哪些书籍和杂志？哪些活动会让你有时光飞逝的感觉？

★ 敢于做大，敢为人先。肯尼迪的目标点亮了整个世界，因为这个目标足够大胆、足够野心勃勃。你要为自己设定的那个大胆的、野心勃勃的、令人兴奋的目标是什么呢？你如何才能成为那个吃螃蟹的人呢？

★ 赋予生命更多的意义，设想自己在为更伟大的事业贡献一分力量。什么能让你热血沸腾？为此你会做什么？把使命感注入任何活动，问自己一个简单的问题："这对别人有什么帮助？"

★ 最后，打造你自己的太空竞赛，让自己迅速充满激情。在相对轻松的氛围中营造出竞争意识，想办法把一项活动变成一场趣味比赛或者一场游戏。

第 **2** 章

**"约翰，成功了，
非常完美。"**

用绝妙的计划扭转危局的工程师。

令人拍案叫绝的创意是如何想出来的？

　　肯尼迪说，要在 1970 年之前，把一名美国人送上月球，这个野心勃勃的目标已经激发出全国人民的热情。不过，他遗漏了一个重要的细节——在这么短的时间内，到底如何才能让梦想照进现实呢？神奇的是，大约在 100 年前，一名法国作家已经解决了这个问题。虽然一个世纪过去了，但他的开创性工作已经奠定了现代火箭专家的研发思路。

　　1828 年，儒勒·凡尔纳出生在法国南特市的一个人造岛屿上。凡尔纳小时候就对写作产生了浓厚的兴趣。他希望自己写的故事在科学上要尽可能严谨和精确，所以花费了大量的时间在法国国家图书馆研读最新的科技文献，了解科技方面的重大突破，并最终爱上了奇幻旅行文学的创作。他最广为人知的作品包括《地心游记》《海底两万里》和《八十天环游地球》等。1865 年，凡尔纳把关注的目光投向了太空，创作了一部读起来轻松愉快却颇具开创性的科幻小说——《从地球到月球》。

　　凡尔纳把小说的背景设定在美国南北战争后不久，故事围绕"巴尔的摩"大炮俱乐部展开。俱乐部致力于武器的设计，大部分成员都是上过战场的人。故事一开篇，凡尔纳就为读者描绘了一幅生动幽默的画卷，把这群古里古怪、热衷于研究大炮的伤残军人写得活灵活现：

拐杖、木腿、假臂、挂在吊环上的手、橡胶下巴、白银质地的头盖骨、铂金鼻子，可谓是五花八门。据伟大的统计学家皮特卡恩计算，在大炮俱乐部里，四个人总共加起来也没有两条胳膊，而六个人也就只有两条腿。

停战协议的签署让整个国家对武器的兴趣大不如从前了，大炮俱乐部也因此失去了往日的辉煌，成员们都变得百无聊赖。为了改变这种局面，俱乐部的主席宣布要建造一门巨型大炮，把一个能够载人的炮弹送到月球上去。一名法国探险家自告奋勇，表示愿意乘坐炮弹太空舱飞向月球，他还成功地说服了俱乐部的主席和一名上尉共赴旅程。大炮俱乐部的这个宏伟计划迅速登上了全球各地的报纸和杂志，许多个人和组织纷纷表示愿意为计划提供实物和金钱上的支持。最终，大炮俱乐部收到了550万美元的巨额捐款，其中有400万美元来自美国，不过英国人可连一个子儿都没出。

俱乐部把他们的巨型大炮命名为"哥伦比亚德"，他们决定先在地上挖一个大洞，洞的内壁都包上铸铁。经过慎重考虑，会员们最终把发射地点选在了佛罗里达州坦帕市南部的一个地方。整个建造过程进展非常顺利，很快，一门巨型大炮就整装待发了。

会员们意识到，他们的炮弹太空舱当然是越轻越好，于是决定使用铝来做炮弹。大炮俱乐部的一名会员表示，这种新发现的金属"就像是特意为我们提供的炮弹原料"。为了确保发射的炮弹能够摆脱地球的重力作用，他们往炮膛里塞了很多火棉。

发射当天，三名勇敢的探险家穿过炮膛进到了子弹形状的铝制太空舱里。

几百万名观众开始齐声高唱《扬基歌》，炮弹随后成功射向太空，全球第一批宇航员开始了他们的月球之旅。

凡尔纳在故事的结尾处留了一个悬念。天文学家们通过巨大的望远镜追踪炮弹的运行轨迹，结果无比震惊地发现，这枚炮弹没到达预定地点，它与月球近距离擦肩而过，最终被月球的引力吸引，进入了绕月轨道。在小说的最后一章，一名天文学家的观点让人感到非常沮丧，他认为这三名勇敢的探险家将会一直绕着月球运转，直到永远。不过，大炮俱乐部一名会员的观点听起来更乐观一些："三名探险家带到天空里的是艺术、科学和技术的瑰宝。有了这些，就没有他们做不到的事儿；你们等着瞧吧，总有一天，他们会脱离困境的。"

《从地球到月球》出版后获得了巨大的成功，凡尔纳后来又为这个故事创作了续集《环游月球》。在续集的一开始，读者们就发现，除了三名宇航员，炮弹太空舱里还有两只小狗（名字分别叫"狄安娜"和"卫星"）、六只小鸡和一只大公鸡。炮弹发射升空后不久，三名宇航员喝了一些酒和汤，但随后发现"卫星"因为炮弹发射时强大的后坐力受伤了。很不幸，"卫星"的伤势还非常严重，三名宇航员最后只好把它抛出了太空舱（可怜的"卫星"真的变成了一颗货真价实的卫星）。一颗擦肩而过的小行星产生的万有引力让太空舱偏离了预定的航线，转而进入了环绕月球的轨道。他们用观剧用的小望远镜观看了月球的表面，随后又遇到了另一颗小行星，太空舱再次改变航线，转而朝着地球飞了过来。最终，三名宇航员乘坐的炮弹太空舱落到了太平洋里。他们被美国海军拯救后踏上了回家的旅途，回到巴尔的摩后受到了盛况空前的热烈欢迎。

在创作这两部小说之前，凡尔纳跑去咨询过自己的表兄。这位表兄是个数学教授，凡尔纳请他从科学的角度给自己的作品把把关，尽量让飞向月球的故事听起来是可能的。凡尔纳的这两部小说中都出现了很多复杂的方程式和公式，而且都有整章节的内容谈论火箭技术、真空和失重问题。无论是从数学还是物理学的角度来说，这两部小说都代表了人类对太空旅行和航天技术的第一次全面尝试。

结果证明，凡尔纳的很多设想和预言都非常精准，这实在太令人震惊了。举例来说，他第一个计算出了摆脱地球引力所需的航速；他精准描绘了炮弹的飞行轨迹，太空历史学家后来依据这个轨迹画出了炮弹从地球到月球的详细路径。此外，他还开拓性地预测了失重状态可能造成的影响（虽然他错误地认为三名冒险家只会在飞向月球的前半程处于失重状态），预见了"制动火箭"（能够给宇宙飞船一个反向推动力的发动机，可以让宇宙飞船减速）在航空航天中的应用。

登月备忘录
主题：凡尔纳

凡尔纳科幻小说中的登月情节与阿波罗计划有很多惊人的相似之处：

在《从地球到月球》中，一群美国人在佛罗里达州建造了一门巨型大炮，并用这门大炮发射了一个铝制的炮弹，炮弹中有三名探险家。大约

100 年后，"阿波罗"号宇宙飞船从距离凡尔纳为大炮所选地点 100 英里^①左右的地方发射升空，建造宇宙飞船也使用了大量的铝金属，搭乘飞船的是三名宇航员。

在凡尔纳的小说中，整个项目耗资巨大，大部分的资金来自美国人的捐款。就资金而言，凡尔纳又说对了。阿波罗计划最终耗费了高达 250 亿美元的巨资，而且埋单的也是美国人。

在《环游月球》中，三名探险家最后落到了太平洋里，被美国海军拯救。宇航员的经历简直就是凡尔纳小说的翻版，他们乘坐的返回舱也是落到了太平洋里，随后被美国海军打捞上来。

最后，凡尔纳给自己的大炮起的名字是"哥伦比亚德"，跟"阿波罗"11号的指令舱"哥伦比亚"只差一个字。

"阿波罗"11 号的宇航员们并没有忽略这些惊人的相似之处，1969 年 7月，在准备重新进入地球大气层时，宇航员们提到了凡尔纳的作品。

从想象到创新

凡尔纳对数学和太空旅行科学的专注态度和较真精神启发了一代又一代的火箭专家。

康斯坦丁·齐奥尔科夫斯基出生于 1857 年，被公认为苏联火箭学的奠基人。他在 16 岁时偶然读到了凡尔纳的小说，从此对太空产生了浓厚的兴趣，

---

① 英美制长度单位，1 英里等于 5280 英尺，旧也作哩。

并决定把自己的一生献给航天事业。在整个职业生涯中，他经常通过重温凡尔纳的小说寻找灵感。他甚至还计算过凡尔纳的巨型大炮产生的加速力，结果发现，这个加速力实在是太大了，足以把炮弹太空舱里的三名探险家、两只小狗、六只小鸡和一只大公鸡变成地板上的一层胶状物。

美国工程师罗伯特·戈达德在少年时代也读过凡尔纳的小说，还针对小说中的计算公式在空白处做过笔记。戈达德说自己之所以一辈子痴迷科学和宇航学正是受了凡尔纳小说的影响。和齐奥尔科夫斯基一样，戈达德也对摆脱地球引力的加速力非常感兴趣，他后来发明了世界上第一枚液体燃料火箭。

出生于奥匈帝国的物理学家赫尔曼·奥伯特在 14 岁时也是偶然读到了凡尔纳的著作，并因此迷上了太空。跟齐奥尔科夫斯基和戈达德一样，奥伯特也对凡尔纳的计算公式产生了浓厚的兴趣，他后来终生致力于火箭技术的研究。

齐奥尔科夫斯基、戈达德和奥伯特的研究为另一个人铺平了道路，这个人无疑是凡尔纳最著名的门徒了，他就是沃纳·冯·布劳恩。

冯·布劳恩 1912 年出生于普鲁士小镇维尔西茨的一个贵族家庭。他的贵族血统可以追溯到法国的菲利普三世和英国的爱德华三世。冯·布劳恩小时候也偶然读到了凡尔纳的小说，并从此对太空探索产生了巨大的热情。

冯·布劳恩从来都不是一个仅仅热衷于幻想的人，就探索星空而言他可是个行动派。比如说，在 12 岁的时候，冯·布劳恩曾把一大捆烟花绑到一辆木轮车上，然后点燃了引信，躲到一边。这次以月亮为目的地的发射产生的后果远远超出了冯·布劳恩的想象。木轮车变成了一团四处乱窜的火焰。很不幸，当地的警察对冯·布劳恩摆脱地球引力的尝试可没什么兴趣，赶到后立刻就把他给拘留了。

冯·布劳恩最终掌握了支撑火箭技术的三角学知识，他从戈达德和奥伯特开创性的工作中汲取了灵感，开始着手设计和建造一种以液体作为推进剂的火箭。德国军方对他的研究产生了兴趣，主动表示愿意提供资助，冯·布劳恩接受了。在第二次世界大战期间，冯·布劳恩帮助纳粹研制出世界上第一枚弹道导弹 V-2。最初冯·布劳恩和他的团队是在德国东北部的佩讷明德工作，就在波罗的海一个偏远的小岛上，后来转移到了臭名昭著的哈尔茨山"米特尔维克"地下火箭工厂。V-2 可携带一个巨大的弹头，能够攻击 200 英里外的目标。据估计，死于 V-2 攻击的人数超过 8000人，另外还有 12000 名犯人被迫在"米特尔维克"极端恶劣的条件下日夜劳作。

第二次世界大战结束后，美国和苏联都迫切地想要研发自己的弹道火箭，所以都招揽了一些在研发 V-2 的过程中发挥过重要作用的德国科学家。冯·布劳恩和他手下 100 多名经验最丰富的工程师被带到了位于亚拉巴马州的一个军事基地，参加了一项秘密计划，也就是"回形针行动"（被选中进入美国的科学家们的文档上都别了一个回形针）。他很快就成为美国航天计划的核心人物之一。

创造力和死脑筋

在开始为美国政府工作之前，冯·布劳恩正忙于写一本小说，小说的主题是向火星发射宇宙飞船，书名就叫《火星计划》。冯·布劳恩要求自己向凡尔纳学习，尽最大可能确保书中所描述技术的科学性和精准性。虽然这本书最终未能在美国出版，但冯·布劳恩后来把自己的很多想法转化为一系列文章，相继发表在了著名的《矿工》杂志上，并引起了人们的广泛关注，冯·布劳恩也因此成为美国电视台和广播电台的常客。

20世纪50年代，冯·布劳恩和华特·迪士尼联合出品了一部关于未来太空旅行的纪录片《太空人》。这部片子是一次非同寻常的融合，科学家们在片中以严谨的态度谈论火箭技术，却配有轻松愉快的动画效果。举例来说，为了形象地呈现出牛顿第三定律，即"相互作用的两个物体之间的作用力和反作用力总是大小相等，方向相反，作用在同一条直线上"，片中出现了一只卡通小狗，小狗坐在一个光滑的平面上，然后打了一个喷嚏，结果就被往回弹了一下。这部纪录片大获成功，吸引了超过4000万观众观看，冯·布劳恩后来又跟迪士尼联合出品了两部新的太空主题影片。

当美国国家航空航天局开始研究如何把肯尼迪的登月计划变为现实时，冯·布劳恩和他手下的火箭专家们就毫无悬念地成为其中的中坚力量。

在凡尔纳的小说中，巴尔的摩大炮俱乐部的方法是直接把太空舱射向月球，在第二次世界大战中，成千上万的V-2火箭发射的导弹都直接命中了目标。最初的时候，冯·布劳恩和他的团队就设想过从地球发射一枚火箭到月球（这个方案被业内人士称为"直接上升"）。整个方案的逻辑是：从地球上发射一艘宇宙飞船，迅速进入太空，在月球上着陆，然后再从月球表面发射升空，返回地球。这个方案听起来直截了当，但一计算就会发现根本行不通，因为这个方案需要建造一艘巨大的宇宙飞船，携带从地球发射升空和从月球发射升空所需的全部燃料，这个数值可太吓人了。

冯·布劳恩和他的团队担心"直接上升"方案无法奏效，于是开始探索一种间接的技术路线，也就是"地球轨道交会"。按照这个方案，就不是只从地球上发射一枚巨型火箭了，而是包括几艘小型的宇宙飞船和几枚大小适中的火箭。这是一个多级计划，首先，利用一些火箭把小型宇宙飞船送进地球轨道，其次，这些宇宙飞船在地球轨道交会，组装成一艘巨大的母舰。随后，再发射一枚火箭，把所需的大量燃料送进太空，给在地球轨道上等待的母舰加油。最后，这艘母舰会飞向月球，在月球表面着陆，然后再从月球表面发射升空，返回地球。"地球轨道交会"方案避免了从地球上发射一枚巨型火箭的难题，但还有一道坎儿很难跨过去：要想成功，宇航员们必须在一个遥远的世界里把战舰大小的宇宙飞船逆向停好。更糟糕的是，这种登月方式必须是火箭的稳定器先着陆，而且宇宙飞船还要携带从月球表面发射升空所需的大量燃料。冯·布劳恩和他的火箭专家们绞尽脑汁也没能想出一个有说服力的解决方案。

尽管"直接上升"方案和"地球轨道交会"方案都存在一些问题，但冯·布劳恩和他的团队依然是这两种方案的坚定支持者。

就在冯·布劳恩冥思苦想如何直接从地球登陆月球的时候，在位于弗吉尼亚州的美国国家航空航天局兰利研究中心，一群年轻的工程师们正在探究一种截然不同的解决办法。

"你可能会觉得自己在跟一个怪人打交道。"

20世纪50年代，兰利研究中心的工程师们已经意识到，他们对太空探索这事儿知之甚少。当然了，他们知道如何让飞机上天，如果天气好，也知道如何让它悬停在空中。但要说到让一艘宇宙飞船在真空的宇宙里漫游，他们掌握的空运、驱动和爬升知识就没什么意义了。中心安排了一群年轻的工程师来研究这个问题，天体力学和星际航行的复杂性很快就让他们沉浸其中了，约翰·霍博尔特就是其中最活跃的工程师之一。

霍博尔特在伊利诺伊州的一个小农场长大，跟冯·布劳恩一样，他也是从小就对飞行产生了浓厚的兴趣，而且也是"实干型"——有一次，他撑开一把伞，然后就从农舍顶部的干草棚上跳了下来。由于对数学和工程学非常着迷，霍博尔特在大学时学的是技术科学，并最终加入了兰利研究中心。关于"斯普特尼克"1号的消息传开后，霍博尔特和他的同事们预感到美国可能要在登月这事儿上跟苏联一较高低，于是开始研究能够确保成功登陆月球的最佳方式。

跟冯·布劳恩不一样，这些年轻的工程师们可没参加过第二次世界大战，也没研发过弹道导弹，所以并不热衷于建造直接从地球飞到月球的巨型火箭。相反，他们的心态更为开放，乐于尝试新的方式，在认真分析过一系列的选项后，他们想到了一个截然不同的方案。

霍博尔特想要建造一艘由两个部分组成的宇宙飞船。第一部分是服务舱，用来容纳宇航员以及他们的补给、设备和燃料。第二部分则是一个小型的登月舱，供宇航员往返月球使用。依据霍博尔特的方案，首先，这艘由两部分组成的宇宙飞船将从地球上发射升空，进入月球轨道。随后，宇航员从服务舱爬进登月舱，登月舱在月球表面着陆。在月球表面完成行走任务后，宇航员重新回到登月舱，登月舱从月球表面发射升空，进入月球轨道后与服务舱会合完成对接，宇航员回到服务舱。最后，宇航员把登月舱丢弃，用服务舱中的燃料点火返回地球。

这个方案被称为"月球轨道交会"，设计非常巧妙，因为在往返月球表面的途中避免了携带任何不必要的载荷。返回地球所需的燃料和补给、确保顺利重返地球大气层所需的热防护罩都会留在月球轨道上的服务舱里。此外，霍博尔特的方案允许工程师们打造一个登月舱，专门用于在月球表面着陆，同时允许宇航员在回家之前丢弃登月舱，从而进一步减少了返回地球所需的燃料量。

冯·布劳恩认为登月意味着要让一艘巨大的宇宙飞船在月球表面着陆，但在霍博尔特看来，小型的登月舱才是更佳的选择。用霍博尔特自己的话说就是："冯·布劳恩想要建造一辆大凯迪拉克，但我更倾向于小雪佛兰。"

霍博尔特深信自己的方案比"直接上升"方案和"地球轨道交会"方案都好多了，而且他觉得要说服其他的工程师会很容易。不幸的是，结果证明他太盲目乐观了。20世纪60年代初期，霍博尔特在多个场合给美国国家航空航天局的多个委员会介绍过自己的登月方案，却一次次遭到了拒绝，拒绝的理由显然包括"他根本不知道自己在说什么""他计算的数字根本不准"。

有些委员认为，尝试在月球轨道交会风险太大。他们担心出现最糟糕的结局（他们可能想到了凡尔纳第一部太空小说的结尾处留下的悬念）：宇宙飞船最终变成了一个高科技棺材，永无休止地绕着月球飞行，时刻提醒世人美国的登月计划失败了。还有一些委员更倾向于冯·布劳恩和他的团队提出的传统解决方案。尽管霍博尔特费尽了口舌，大家依然支持"直接上升"方案或"地球轨道交会"方案。

霍博尔特决定再努力一把，他直奔美国国家航空航天局总部，再次给官员们阐述自己的方案，结果还是被浇了一盆冷水，经过长时间的辩论，他的方案再次被否决了。

曾经痴迷数学的霍博尔特决定做最后一搏——向更高层的官员寻求帮助。他打破了汇报层级，绕过官方途径，直接给美国国家航空航天局的一位高层领导写了一封信。这个举动非常大胆，但的确也有点儿莽撞，搞不好的话就会砸了自己的饭碗。在这封信中，霍博尔特首先承认他的一些同事并不太认可"月球轨道交会"方案，而且这个不同寻常的做法可能会让他看起来有些古怪：

"有些想法希望能给您汇报一下，这些想法已经在我的脑海里萦绕了几个月，听过的人基本都没怎么理我……鉴于我们之间的接触非常有限，而且您很可能并不了解我，可想而知，读过这封信后您可能会觉得自己在跟一个怪人打交道。请不要担心这一点。"

接着霍博尔特用九页纸概述了阿波罗计划面临的挑战，阐释了他认为"月球轨道交会"方案更简洁可行的原因。经过长达数月的协商和分析，霍博尔特的坚持终于得到了回报，包括冯·布劳恩在内的决策层最终意识到这个方案的优点，并决定支持这个方案。美国国家航空航天局公开宣布这个决定时，霍博尔特正在去巴黎出差的途中，他的老板跟他握手表示祝贺，祝贺他凭借一己之力给美国政府节省了数十亿美元。

《时代》周刊后来把霍博尔特称为"阿波罗计划的幕后英雄"，还说如果决策层坚持建造巨型火箭的想法，阿波罗计划很可能会以失败告终，美国可能无法在1970年之前把一个人送上月球，肯尼迪的梦想也会因此破灭。当有记者采访霍博尔特，让他谈谈自己对阿波罗计划的贡献时，他最常说的话就是：尼尔·阿姆斯特朗踏上月球表面的那一刻，就是他生命中最引以为豪的时刻。当时霍博尔特已经离开了兰利研究中心，但受邀到任务控制中心见证这历史性的一刻。尼尔·阿姆斯特朗踏上月球表面时，冯·布劳恩转头对霍博尔特说了一句话："约翰，成功了，非常完美。"

想出绝妙的点子

著名作家齐格·齐格勒说过一句令人难忘的名言："你不可能只是四处闲逛，然后就发现自己登顶珠峰了。"

要想获得成功，你得有一个计划。有时候，前面是大路朝天，而且很多人都走过，你也直接走就行了。不过，如果你要去的是一个看似不可能到达的地方，那就很有必要向约翰·霍博尔特学习了——摒弃传统，用一种更具创意的方法，抵达你梦想的彼岸。

我们来做个练习吧。迅速浏览下面的六张街道平面图，然后说出每张图上从 A 点到达 B 点的最短路径。

这个练习是基于第二次世界大战后一些心理学家的研究成果设计的。你可

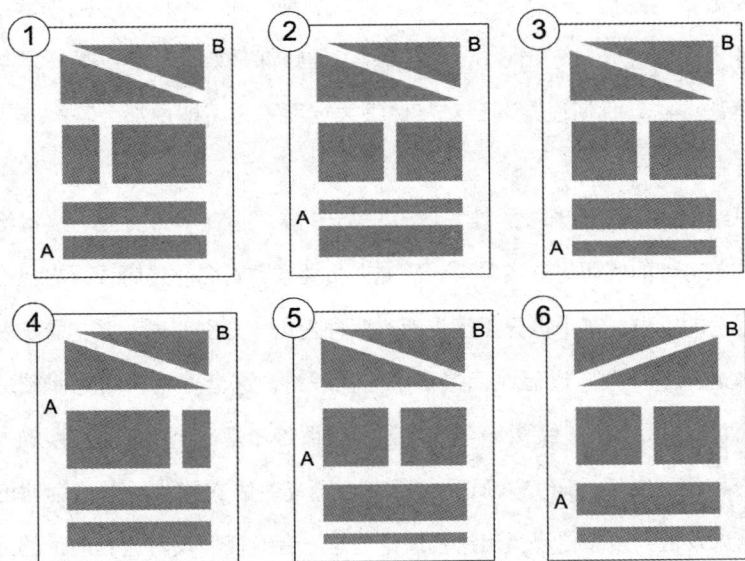

能已经注意到了，每张地图上都有一条斜街。在前五张地图上，那条斜街并不会让你更快地到达 B 点，但在第六张地图上，斜街的方向变了，它也因此成了到达 B 点的一条捷径。遗憾的是，很多人都没能发现这条捷径，因为前面的五张地图已经让他们形成了这样一个思维定式，那就是：可以忽略斜街。研究人员把这种奇怪的现象称为"定式效应"。

"定式效应"差点儿让整个阿波罗计划泡汤。冯·布劳恩在战时的工作就是发射导弹，这些导弹的设计思路都是直接攻击目标。很多人没有发现第六张地图上的斜街是条捷径，同样的道理，冯·布劳恩的团队也没有意识到，从某种程度上来说，正是他们的战时经验让他们忽略了其他登月路线。

很不幸，我们每个人都会受到"定式效应"的影响。从科学家到学生，从设计师到软件开发人员，从企业家到工程师都是如此。一旦找到了某个问题的解决办法，我们通常都会对其他答案视而不见，即便那个答案非常显而易见。

思维定式还不是创新的唯一障碍。2016年，心理学家艾登·格雷格做了一个简单有趣的假想星球实验——研究人员要求数百名志愿者设想自己生活在一个遥远的世界，这个世界里还生活着两种生物，分别叫尼菲兹和鲁皮兹。其中半数志愿者被要求设想他们得出了一套理论，这套理论表明尼菲兹是捕食者，而鲁皮兹是猎物。另外一半的志愿者则被告知是一个叫亚历克斯的人得出了这套理论。随后，研究人员要求所有志愿者评估支持或反对这套理论的证据。结果发现，设想自己得出这套理论的志愿者对任何反对这套理论的证据一概不予接受，而且态度非常坚决。

冯·布劳恩的团队之所以坚持向月球发射巨型火箭，是因为这是他们自己想出的办法。跟实验中设想自己得出那套理论的志愿者一样，让他们放弃自己钟爱的方案，他们肯定是一百个不愿意啊。最终，约翰·霍博尔特扭转了局面，因为他能够克服这些障碍。霍博尔特没有受到所谓常理的羁绊，也没有主观地坚持自己想出来的办法，而是客观地对传统思维提出了质疑，进而认真探究其他的解决方案。

类似的创造性思维给这个世界带来了前所未有的变化。过去，相距遥远的人们都是通过电报联系，直到亚历山大·格拉汉姆·贝尔发明了电话。过去，人们都是用35毫米的胶卷拍照，直到一位名叫伊士曼·柯达的工程师造出了全球第一台数码相机。过去，几乎所有人都是通过教科书获取信息，直到蒂姆·伯纳斯·李发明了万维网。过去，家人们都是聚在一起看电视节目，直到三位年轻的企业家发明了视频网站 YouTube。

人们很容易就会说，这些改变了世界的大佬跟我们普通人可不一样，他们天生就具备想出颠覆性创意的能力。可是，真的是这样吗？

让我们再来做一个练习。假设给你一把回形针，让你尽可能想出它们的各种用途，越多越好，而且只给你 59 秒的时间。看看最终你能想出多少种用途。

你想到了什么呢？你可能想到了把它们折弯，然后组成"生日快乐"字样放在蛋糕上；也可能想到了把它们连起来，做成一个可爱的办公室主题手链；或者在衬衫的扣子掉了一个时先用回形针把衬衫别好，或者把一枚回形针当书签用，或者用几个回形针夹住衣服的褶边，再或者用它把几页纸夹在一起！

心理学家们发现，这个看似简单的测试却是一种非常精准的方法，可以用来衡量一种重要的创造力，也就是发散性思维。所谓发散性思维就是为一个问题找出很多种可能的解决方案。你可能也想到了，发散性思维在创新和发明中扮演着至关重要的角色。在过去的几年中，研究人员开发出了好几种测试发散性思维的方法，并在很多实验中使用过这些方法。有些研究人员分析了成千上万名儿童和成年人的得分，试图找出一个人的创造力随年龄变化的规律。结果发现，低龄儿童的创造力非常惊人，可一旦长到 9 ~ 10 岁，他们的创造力就会突然下降（美国研究人员把这种现象称为"四年级滑坡"）。长大成人后，人们的创造力会有所回升，但通常很难再达到儿时的高度。有些研究人员认为这种滑坡是现代教育制度造成的。依据这种假设，小孩子刚开始上学时，大人们会鼓励他们去玩耍、去创造，只要他们开心就好。可是，过了一段时间后，大人们就会希望他们能有批判性思维了，创造性思维的受重视程度开始下降。他们会看到很多问题，而且每个问题只有一个正确答案，大人们总希望他们能找到这个正确答案。简而言之，大人们希望他们别再那么孩子气，别再那么贪玩儿，而是要开始学会遵守规则。

不管到底是什么造成了创造力的滑坡，我还是要告诉你一个好消息：重获儿时惊人的创造力并不困难，有不少办法能够激发出你的灵感。事实上，你可能已经走在了正确的道路上。我们在前一章中已经看到了，任务控制中心的工作人员并不是受到了金钱的激励，而是受到了激情的驱使。正是这种激情让他们变得更富有创造力了。研究表明，金钱的刺激只会降低人们的创造力，但如果人们对自己所做的事情充满激情，他们就会变得更富有创造力。如果你真心想要登上自己心中的"月球"，那你就能想出更多富有创造性的点子和方案。此外，我还要告诉你一个好消息，研究表明，借助几个简单的技巧就能够进一步强化你的创造力。你可能会认为这些技巧意味着要在墙上贴一张励志海报、穿上一件宽松的长袍，或者尝试跟自己内心深处的那个艺术家取得联系。不过，事实上这些方法都没什么效果。相反，真正有效的做法是抵挡住诱惑、乐于选择逆向思维、意识到少即是多，以及让自己放松。

你或许可以用回形针给孩子的布娃娃做几个衣架。

抵挡住诱惑

看一看下面列举的六种动物：

狗   蛇

海豚   金鱼

熊   老虎

现在，请用一种最有趣的方式把它们分为两组，每组都要有三种动物。把你的答案写在下面的空格里。

第一组包含以下三种动物	第二组包含以下三种动物

你为什么觉得这么分组是最有趣的呢？是说这种分法特别有用，还是说非常科学、好笑、聪明、富有想象力、富有创造性？简要描述一下你的分组依据：

_____

_____

现在，你开始以一种特定的方式看待这个世界了。在你的脑海中，你想出的分组方式开始慢慢占据主导地位，让你看不到其他分组方式。不仅如此，你还开始爱上了自己的答案，因为它来自最靠近你内心的地方，也就是你自己的大脑。很不幸，正是这种思维方式使得冯·布劳恩的团队坚持认为他们提出的登月方式才是最佳的，而不是转而支持霍博尔特提出的更佳方案。

其实，要防止出现这种情况非常简单，我们马上就能做到。设想一下，你被告知此前的分组方式没有问题，但是，还有一种更有趣的分组方式。请再想出一种分组方式，并把你的答案写在下面的空格里。

第一组包含以下三种动物	第二组包含以下三种动物

请再想出一种：

第一组包含以下三种动物	第二组包含以下三种动物

再想出一种：

第一组包含以下三种动物	第二组包含以下三种动物

完成这个练习后，人们发现，自己竟然想出了很多种不同的分组方式。比如说：可以当宠物养的一组，生活在野外的一组；有羽毛的一组，没羽毛的一组；左手栏的一组，右手栏的一组；有四条腿的一组，没有四条腿的一组；你喜欢花时间跟它们待在一起的一组，你宁愿敬而远之的一组；体形相对较大的一组，体形相对较小的一组；能在水下待半小时的一组，没法在水下待半小时

的一组；鲁德亚德·吉卜林的小说《奇幻森林》里出现过的一组，没出现的一组；你还可以把这个单子继续列下去。

当你试图想出一个富有创造性的方案以实现自己的目标或抱负时，不要死守着脑海中冒出的第一个想法不放。即便这个想法是有史以来最棒的，也要强迫自己再多想几个替代方案。有可能你一开始就想对了，但在把第一个想法付诸实施之前，要对其他可能性抱持开放的心态。正如法国哲学家埃米尔·查特所言："如果某个想法是你唯一的想法，那就没什么比它更危险了。"

少即是多

1954 年，《生活》杂志对美国中小学的阅读课程用书《新抢钱夫妻》提出批评意见，说这本书不仅枯燥无味，而且还鼓励使用不恰当的双关语。作为回应，一家出版社向儿童文学作家西奥多·盖泽尔（苏斯博士）发起挑战，请他从一年级孩子需要掌握的单词表中挑选 250 个单词，创作一本有趣的童书。1957 年，《戴帽子的猫》（这个故事本来想写女王的猫，但女王对应的英语单词并不在一年级孩子的单词表中）出版，畅销超过 100 万册。

几年后，另一家出版社跟盖泽尔打赌，如果他能只用 50 个单词再写出一本畅销书，就付他 50 美元。结果盖泽尔再次完胜，写出了《绿鸡蛋和火腿》，这本绘本销量超过了 800 万册。每次创作，盖泽尔都在使用一个高效的创造力工具。

　　人们通常会认为你拥有的越多，就越富有创造性。事实上，研究表明，恰恰相反。几年前，伦敦城市大学的艾琳·斯科佩利蒂研究了预算限制对创意的影响。38 名志愿者都拿到了一个包含 20 件物品的清单，每件物品的价格也都标注好了。有些志愿者被告知他们可以任意选择清单中的物品，并用选中的物品做出一个新的儿童玩具。另一些志愿者则被告知他们也可以任意选择清单中的物品，但必须把预算控制在固定的范围内。结果表明，第一组志愿者选择了更多的物品，但第二组志愿者做出了更有创意、更有趣的玩具。

　　"少即是多"是一个简单而强大的技巧。我们现在就可以来试试看。

　　首先，假设你的梦想是开一家意大利餐厅。为了在激烈的竞争中脱颖而出，你决定推出一款新型的比萨。你会怎么做呢？我们再假设一下，如果按常规的做法，你手头的面团和配料只够做半个比萨。那么，你会做出一款什么样的新型比萨呢？

_____

_____

　　其次，假设你一直想拥有一间艺术展览馆。你迫切地想要办一场创意十足、史无前例的展览，但你的预算非常有限。那么，你会怎么做？

_____

_____

　　完成这个练习后，很多人都会发现自己其实也很有创意啊。比如说，有人想到了做一个圆锥形的比萨；有人想到做一个只有最外面一圈外壳的比萨，所有配料都摆在中间位置；有人想到了做几个微型比萨；还有人想到把面团做成球形摆在中间，面团周围摆上配料。再看看艺术展的创意：有人想到了直接邀请艺术家过来在墙上作画，这样就可以省掉画布和画框的费用了；有人想到了找企业拉赞助，让艺术家在画作中置入企业的产品；还有人想到邀请大众自己带着原料过来，现场创作艺术品进行展览。

就创造力而言，请记住"少即是多"这个技巧。设想一下，如果给你的预算或资源被削减了一半，或者留给你的时间突然减半，为了确保依然能够完成任务，你会想出哪些富有创造性的计划呢？

登月备忘录
主题：逆向思维

霍博尔特的"月球轨道交会"方案几乎跟冯·布劳恩的"直接上升"方案和"地球轨道交会"方案完全相反：冯·布劳恩想的是向月球发射一艘巨大的宇宙飞船，但霍博尔特更倾向于使用一个小型的登月舱；冯·布劳恩专注于建造一枚巨型火箭，但霍博尔特倾向于打造模块化的飞船；冯·布劳恩热衷于直接登陆月球，但霍博尔特更倾向于借助轨道交会登月。

霍博尔特的登月方案非常巧妙，也是"逆向思维"这种创造力技巧的完美案例。简单来说，要想更富有创造力，就要想想其他人都是怎么做的，然后选择一个跟所有人相反的方向去做。如果所有人都想往大里做，那你就做小的。如果所有人都想慢慢做，那你就迅速做。如果所有人都往上走，那你就往下走。

要想得到一个富有创意的方案，就要借助逆向思维去打破传统、标新立异。

让自己放松

下面有四道测试题，我们一起来看一看：

第一题：在一个遥远的星球上发现了一种新的植物，每过 24 小时这种植物的覆盖面积就会翻一倍。有一天，宇航员发现一个大坑的中央出现了这种植物。60 天后，这个大坑就完全被这种植物覆盖了。请问，大坑被植物覆盖过半是在哪一天？

第二题：尼尔和巴兹是好朋友，他们相处得非常融洽，但有一点很奇怪，如果他们俩同在一个房间里，尼尔会坚持坐在巴兹的后面，但巴兹也会坚持坐在尼尔的后面，这看起来好像是个无解的难题了。你有什么办法让他们俩都满意吗？

第三题：假设你是中世纪的一名骑士，使的兵器是一支长达 5 米的长矛。这一天，你来到了一座城堡前。卫兵把你拦住了，说任何人都不允许携带长度超过 4 米的东西进入城堡。你觉得有些沮丧，这当然是可以理解的，不过，很快你就有了一个主意。你转身回到了镇上，找到一名木匠，请他帮你打了一个东西，然后又回到了城堡处，这次，卫兵让你通过了，而且你的长矛还是原来的样子，并没有从中折断。那么，你到底是如何做到的呢？

第四题：一名魔术师说，他能让一颗乒乓球移动一段较短的距离，然后完全停下，最后再返回来。他还说并不需要把乒乓球扔到任何东西上让它弹回来，也不用把乒乓球绑到任何东西上。那么，这个神奇的魔术到底是怎么表演的呢？

现在，给你 3 分钟的时间回答这四个问题。如果有些问题你答不上来，甚至说一个问题也答不上来，也没关系。好了，开始作答吧。

第一题： _____

第二题： _____

第三题： _____

第四题： _____

现在，稍微休息一下，然后我们继续来解答这几个难题。研究人员做过数百个类似的研究，找了很多志愿者做这些测试题。39 名研究人员把志愿者分为两组，他们给了第一组志愿者 6 分钟时间，让他们尽可能回答这四个问题。对于第二组志愿者，研究人员先给了他们 3 分钟的时间，然后允许他们稍微休息一会儿，随后又给了他们 3 分钟的时间。现在你可能已经意识到了，你属于第二组。事实上，现在就是你的第二次机会了。

再给你 3 分钟时间，看看能否找出更多问题的答案。

第一题： _____

第二题： _____

第三题： _____

第四题： _____

结果如何？如果你还在冥思苦想，那我就直接揭晓答案了。

第一题： 第 59 天，因为植物在第 60 天再翻一倍后刚好铺满大坑。

第二题： 让尼尔和巴兹背靠背坐着。

第三题： 你让木匠做了一个长 4 米、宽 3 米的盒子，然后把长矛沿对角线方向放进了盒子里。

第四题： 魔术师把乒乓球抛向了空中。

尽管两组志愿者都有 6 分钟的时间答题，但结果显示，中途休息的那组志愿者表现更佳，这是因为"酝酿效应"在发挥作用。在休息期间，其实你的大脑还在不知不觉中解题呢。研究还揭示了酝酿效应什么时候才是最有效的。

首先，在休息之前你必须已经开始解题了；开始做的努力越大，休息时产生的酝酿效应就越大。在想出"月球轨道交会"方案之前，霍博尔特和他的同事们已经花了几个月的时间冥思苦想如何才能以最佳的方式把一个人送上月球。这不过才是冰山的一角。阿波罗计划的很多科学家和工程师从小就喜欢玩积木、做模型飞机、造简易火箭或者撑着一把伞从干草棚上跳下来。从表面上看，这只是小孩子的把戏或者恶作剧。但事实上，所有这些经历都是一种学习过程，都在不知不觉中为他们的大脑提供营养。

其次，最有效的休息方式是花点儿时间做做相对轻松的放松活动。比如说，你可以学习史蒂夫·乔布斯、马克·扎克伯格和杰克·多尔西，休息时去散散步。斯坦福大学的心理学家玛丽莉·奥佩佐分别测试了人们坐在办公桌前和在跑步机上走步时的创造力。结果显示，就创造力而言，在跑步机上走步的人平均要比坐在办公桌前的人高出 60%。不仅如此，酝酿效应持续的时间还很长，即便一个人从跑步机上回到了办公桌前，他的创造力也依然大于始终坐在办公桌前的人。

如果你对散步没什么兴趣，还可以考虑小憩一会儿、洗个澡、找个地方冥想一会儿、睡上一觉、去泡个温泉、看本图画书或者做个白日梦。对阿波罗计划的约翰·霍博尔特来说，灵感随时都会蹦出来，所以人们经常会发现他在写写画画，他会把自己的想法写在触手可及的地方，其中包括购物袋、信封等。此外，至少有一次他把灵感记在了浴缸的侧面。

不少研究也佐证了放松的力量。举例来说，德国吕贝克大学的乌尔里希·瓦格纳教授曾做过一项研究，他给了志愿者们一系列的数字，然后要求他们把其中的特定数字换成其他数字。有一点志愿者们并不知道，那就是有一种创新的方式可以更轻松迅速地完成这项枯燥的任务。瓦格纳教授把志愿者们分成了两组，第一组志愿者的任务启动时间是在晚上，然后去睡觉，第二天早晨再继续工作。第二组志愿者的任务启动时间是在早晨，白天也会休息一会儿，然后到了晚上再继续工作。结果显示，第一组志愿者中有 60% 的人发现了完成任务的创新方式，但第二组始终清醒的志愿者中仅有 23% 的人发现了这种隐藏的方式。

如果你没有办法确保长达 8 小时的睡眠，也不用担心。其他研究表明，即便在中午时小睐一会儿，一个人也会变得更富有创造力。难怪世界上最成功的一些大企业现在都鼓励自己的员工在上班时打个盹儿。

说到创新时，一定不要忘了酝酿效应。花些时间好好想想如何解决你的问题。跟你的朋友和同事们聊聊、上网搜索相关的信息或者阅读相关的书籍，从中找找灵感。如果你开始觉得自己已经尽力了，那就休息一会儿，去散散步、睡上一觉或者小睐一会儿，让你的潜意识大脑接手你的工作吧。

小结

通常来说，想出几个可选方案并让最佳方案脱颖而出非常重要。你的想法越富有创造性和独创性越好。你可以借助以下方式找出最佳方案。

★ 抵挡住诱惑，不要急于把自己想到的第一个方案付诸实践。强迫自己多想出几个替代方案，并确保自己不会爱上其中的任何一个，除非你很确信已经找到了那个最佳方案。

★ 利用好逆向思维。确认下其他人都是怎么做的，然后考虑从相反的方向着手。

★ 记住"少即是多"！设想你能够调用的资源、时间、能量或资金都只有现在的一半了，那么，你会怎么做？

★ 最后，让自己放松。先努力想想你的方案和创意，然后走开。休息一会儿，洗个澡或者睡一觉。随后再回到要解决的问题上来，看看你脑子里会跳出什么。

登月备忘录
主题：一杯创意茶

再告诉你一个快速提升创造力的方法。

最近，北京大学的研究人员召集了一批志愿者，并为其中 50% 的人提供了一杯茶。然后，研究人员要求所有人做两件事情，一是用积木搭一个有吸引力的造型，二是为一家拉面馆想个新名字。

接下来，研究人员请另外一组人为搭建好的积木造型和为拉面馆想出的新名字打分，评价一下哪些更富有创意。结果显示，跟没喝茶的志愿者相比，喝过一杯茶的志愿者搭出的积木造型更富创造力，他们为拉面馆想出的新名字也更有吸引力。

不少研究人员认为，这可能是因为茶能让人感觉更为放松，进而让人们的脑洞开得更大，能够想出更好的点子。

不管到底是什么原因，如果你想找到更富有创意的方案，不妨给自己沏壶茶吧。

第 **3** 章

"我们不知道这几乎是不可能完成的任务。"

一位充分信任一群年轻人的杰出领导者。

自信总能带来回报。

　　肯尼迪已经明白无误地告诉了全世界：要在 1970 年之前，把一名美国人送上月球。火箭专家们就几种登月方案的利弊进行了辩论，并最终决定支持约翰·霍博尔特的方案，因为这个方案富有创意，设计巧妙。登月计划已经有了明确的进展，但还有一个关键问题没有解决——谁来负责把肯尼迪的梦想变成现实？

　　"斯普特尼克" 1 号的突然出现着实把美国政府吓了一跳，他们担心苏联人可能很快就会把人类送上太空，于是匆忙地启动了自己的载人航天计划。这个计划最初的规模并不大，只有少数科学家参与，而且还是秘密进行的。计划被命名为 "人类最早进入太空" 计划，英文缩写为 MISS。1958年，政府决定在太空探索方面加大投入力度，美国国家航空航天局正式成立。

　　这个新机构成立才几个月就设定了一个雄心勃勃的目标，把一名美国人送入地球轨道，在太空探索领域为美国挽回颜面，他们把这个目标命名为 "水星" 计划。很显然，这个计划要想成功，必须找到一批合格的宇航员，他们得愿意爬进装满燃料的火箭，然后被发射升空，得能够承受失重对人体的考验，而且还要面对太空舱以每小时数千英里的速度重返地球大气层时产生的高热。水星计划的领导层最初考虑过招募杂技演员，但很快就放弃了这个想法，转而把目标投向了试飞员。

候选人应具备的特质

潜在候选人必须至少有 1500 小时的飞行经验，年龄不超过 40 周岁，拥有工程专业学位或同等学力，且身高不超过 5 英尺[①]11 英寸[②]（这是由太空舱的大小决定的）。经过仔细筛选 500 多名军人的档案，一小部分人收到了一个绝密信息，让他们到位于华盛顿特区的一个神秘地址报到。大约 30 名候选人通过了初级面试，他们随后要接受一系列的体格检查和心理测验。

当时，有些科学家担心太空探索可能会对人体造成可怕的影响，有人说仅失重这一条就会让宇航员的眼球扭曲，造成吞咽困难和长时间的呕吐。正因如此，水星计划的管理人员都热衷于招募身体素质一流的候选人，而且会对候选人的每一寸肌肤进行详细检查。在筛查的过程中，会要求候选人旋转自己的眼球，在漆黑的隔音房间里待上几小时，还会借助设备以惊人的速度转动候选人的身体。在这些要求极高的测试之间，也会穿插进行一些挑战性较低的测试，其中包括看看候选人能赤脚在装满冰水的盆里撑多久，以及能连续吹爆多少个气球。

---

① 英美制长度单位，1 英尺等于 12 英寸，旧也作吋。
② 英美制长度单位，1 英尺等于 1 英寸的十二分之一。

第二组测试的设计目的则是看看候选人的心理素质是否过硬。这些测试会评估候选人的抗压能力和缓解紧张情绪、克服恐惧的能力。有些测试的合理性貌似有待商榷,比如说,看看候选人是否有无意识的死亡愿望,方法是随机给他们展示纸上的墨迹,要求他们描述一下自己看到的画面。有些候选人只能装作很严肃地在进行测试,甚至因此都不按规则出牌了。有件事足以证明这一点,当心理学家要求候选人皮特·康拉德看着一张空白卡片描述他脑海中出现的图像时,康拉德默默地看了几分钟,然后平静地告诉心理学家说他把卡片拿反了。

最终只有七个人通过了所有的测试,其中包括注定要成为美国太空第一人的艾伦·谢泼德,他们被称为"水星七杰"。这七个人都身体倍儿棒,心理素质一流,这让他们能够无比平静地面对可能出现的灾难。随着水星计划的推进,新技术不断涌现,宇航员的心理素质也一而再再而三地受到挑战,但他们都挺过来了。举例来说,1960 年,他们观摩了一次无人火箭的发射,这种火箭正是未来要把他们送入太空的火箭。那次发射完全是一场灾难,火箭升空后才几秒就爆炸了。谢泼德看着天上的巨大火球对自己的同事说:"嗯,我很高兴他们给咱们排除了一个障碍。"

1961 年 4 月 12 日,苏联宇航员尤里·加加林成为第一个进入太空的人,美国的太空计划再次被迎头痛击。苏联的时间比美国早几小时,负责水星计划公共事务的一位官员在凌晨 4 点被记者的电话吵醒,记者请他谈谈对这件事情的看法。这位睡眼蒙眬的官员完全不知道加加林已经创造了历史,他对记者说:"我们这儿都在睡觉呢。"这句话随后就出现了全球各地的报纸上,让整个美国为此蒙羞。

　　加加林进入太空后还不到一个月，就轮到艾伦·谢泼德和他乘坐的"自由"7号飞船为美国挽回颜面了。1961年5月5日，谢泼德穿上了银色紧身太空服，爬进了"自由"7号，准备离开地球飞向太空。后来有记者采访谢泼德，问他躺在巨型火箭顶部时脑子里在想什么，谢泼德打趣说："这艘太空船的每一个零件都是由出价最低的承包商生产的。"

　　经过数次延迟后，谢泼德乘坐的飞船终于发射升空了，他要在这个过程中承受高达6G的加速力（这意味着他会觉得自己的体重是平时的6倍）。进入太空后，谢泼德只能通过一个小型的望远镜观察周围的情况。在等待发射时，谢泼德觉得外面的阳光太刺眼，于是就在望远镜的镜头上装了一个灰色滤镜。不幸的是，发射升空后他忘记把滤镜拿掉了。所以，当美国的太空第一人通过望远镜望向太空时，他几乎什么也没看到。谢泼德可不想让数百万紧盯着电视屏幕的观众失望，所以只能对着眼前奇怪的灰色斑点说："多美的景色啊！"

　　这次飞行仅仅持续了15分钟，而且只是在亚轨道简单地直上直下。在一阵颠簸中重新进入大气层后，"自由"7号安全返回地球，这位蓝眼睛宇航员的照片也随即登上了全球各地报纸的头条——《华盛顿新闻报》的标题是《我们的谢泼德做到了》；《新闻日报》的标题是《多棒的旅程啊》；《芝加哥每日新闻》的标题是《太空之旅顺利成行》。

创建"领导力实验室"

　　就太空探索而言，像谢泼德这样英勇无畏的宇航员们理应是公众瞩目的焦点。不过，如果再深入研究一下任务档案，另外一群人很快就会映入你的眼帘。这群人躲开了所有的聚光灯，宁愿静静地在幕后忙碌。他们跟把一个人送上月球的关系可能不是那么明显，但整个航天事业的成功离不开他们。他们的存在要归功于克里斯·克拉夫特的聪明睿智和辛勤付出。

克里斯·克拉夫特可是个了不起的人，1924年生于弗吉尼亚州的福波斯，从小家境一般。当时，福波斯只是铁路沿线的一个小镇，人们的生活都非常艰苦。他家的后院旁边就是一个垃圾堆，在克拉夫特的早期记忆中，工人们会把垃圾堆成小山一样进行焚烧，产生的黑烟扶摇直上，直冲云天。福波斯镇上的人们都在辛苦地劳作，不上学的时候，克拉夫特就去铁路上卸货或者去当地的商店打工。

在他的精彩自传《飞行》中，克拉夫特说自己受到了高中数学老师的启发（"想想你希望过什么样的生活，你能做到的"），才逐渐认识到生命中还有更多的可能性。克拉夫特后来毕业于弗吉尼亚理工大学的航空工程专业，毕业后进入兰利机场工作，研究航空技术。20世纪50年代末，美国政府想鼓励国内的一些航空专家把研究重心转向航天技术，克拉夫特刚好符合标准，于是他开始致力于在航天领域为美国挽回声誉。克拉夫特后来开玩笑说，他的全名小克里斯托弗·哥伦布·克拉夫特可能就注定了他一生都会从事探险工作。

随着美国航天计划的正式启动，克拉夫特也开始走上了领导岗位。1961年1月，克拉夫特发射了一枚火箭，把一只名叫汉姆（它的名字是负责照顾它的霍洛曼航空航天医学中心的首字母缩写）的黑猩猩送上了太空，完成了持续16分钟的亚轨道飞行。黑猩猩宇航员汉姆的飞行任务非常成功，这就为把谢泼德送上太空打开了绿灯。据说当谢泼德听说要把他送上太空时，他还打趣说："我猜他们的猴子不够用了。"几乎从整个航天事业开始的那一刻起，克拉夫特就认识到了一点：任务的成功取决于地面工作人员能够迅速为宇航员提供实时的监测和支持。克拉夫特还认识到：这些人需要全部集中到一个房间里，时刻盯着对他们的工作来说至关重要的一排排监测器、控制台和屏幕。在水星计划的早期阶段，这个房间坐落在佛罗里达州的卡纳维拉尔角，规模相对较小。到了1965年，房间规模扩大，变成了任务控制中心，并且搬到了得克萨斯州的休斯敦载人航天中心。这个标志性的地方曾经有过很多昵称，包括"大教堂""宫殿"和"领导力实验室"。

克拉夫特需要为任务控制中心补充人手，这些人必须能把看似不可能完成的事情变成可能。水星计划的宇航员们都挺过了极其严格、漫长、富有挑战性的选拔过程。他们承受过巨大的压力，曾经赤脚站在冰水中，还被要求不停地诠释各种奇怪的墨迹。所有通过测试的宇航员都来自军方，身体倍儿棒，能够在极端压力下履行自己的职责，年龄都在30多岁，已婚，有孩子，大多来自舒适的中产阶级家庭。但在为任务控制中心选拔人员时，克拉夫特想要的却是跟宇航员完全不同的候选人。

任务控制人员应具备的特质

克拉夫特知道前行的路会充满坎坷，但他有过身处逆境的经历，也想方设法顺利走出了逆境。他希望能以自己为蓝本打造一支队伍，所以倾向于招募家境一般但通过自己的努力取得了一定成就的人。这些人希望能有一个更光明的未来，也会尽最大的努力去改变现状。克拉夫特选中的人都来自偏远地区或者农业家庭，而且大多都是家族里第一个考上大学的人。他们都有很高的职业操守，对太空探索充满激情，而且愿意接受严峻的挑战。

此外，他们都非常年轻，愿意发展、愿意成长、愿意学习，这一点或许才是最重要的。事实上，当尼尔·阿姆斯特朗在月球上迈步时，任务控制人员的平均年龄竟然只有 26 岁。

杰瑞·博斯蒂克就是克拉夫特选中人员的典型代表。博斯蒂克在密西西比州一个偏远的小农场长大，很小的时候就帮着家里种植棉花和玉米，日出而作，日落而息。他很快就接受了家庭的敬业精神："不管你做什么工作，都要确保比任何人做得都好。""你可以获得成功，但你必须努力工作。"十几岁时，博斯蒂克白天除了在农场帮忙外，还会在附近送报纸，到加油站当服务员，晚上则到当地的电影院里卖爆米花。

以荣誉致辞生的优异成绩从国会青年助理学校毕业后，博斯蒂克成了美国众议院的一名青年助理和门卫，后来又进入密西西比州立大学学习，获得了土木工程学士学位。大学毕业后，博斯蒂克开始找工作，最终被美国国家航空航天局兰利研究中心录用，但很快就发现自己参与的项目太过虚无缥缈，很少是在解决实际问题。

跟当时的很多工程师一样，博斯蒂克也受到了肯尼迪登月愿景的鼓舞，所以开始应聘跟太空项目关系更为紧密的工作岗位。遗憾的是，在面试时他被告知，招聘的重点是航空专家，不是土木工程师。不过，在他走出面试房间后，碰巧遇到了克拉夫特，两个人也就聊了一会儿。几分钟后，克拉夫特迅速做出决定，告诉负责招聘的官员给博斯蒂克一个职位："见鬼，聘用他吧。我们可能需要有人去测量月球。"入职后，博斯蒂克开始脚踏实地慢慢往上走，并最终成为任务控制中心飞行动力学部门的负责人，负责确保阿波罗飞船沿着正确的航向飞行。他才 29 岁，就帮助美国完成了肯尼迪的登月梦想。回首往事的时候，他意识到年轻的任务控制人员是一个乐观的群体：

"他们决定招聘一群刚从大学毕业的年轻人，因为我们不知道这几乎是不可能完成的任务！当我们被告知要想办法登月时，我们就着手去做了。我还记得当时也想过'我去，这也太夸张了'，但总统已经设定了一个非常清晰的目标，用一句话就说明白了，实现这个目标就是我们的事儿了。"

克拉夫特的招聘活动的确发挥了作用，水星计划的进展也越来越顺利。1961 年 7 月，加斯·格里森成为继艾伦·谢泼德之后第二个进入太空亚轨道的宇航员。1962 年 2 月，约翰·格伦成为第一个进入地球轨道的美国人，环绕地球飞行了将近 5 小时。在随后的几个月里，宇航员在太空停留的时间越来越长，其中戈登·库珀创造了纪录，环绕地球飞行的时间接近一天半。尽管计划非常成功，但很多任务远谈不上一帆风顺。举例来说，在进行第 19 次环绕地球的飞行时，库珀的尿液收集系统出现了泄漏，太空舱内出现了不受欢迎的水汽，结果造成好几个系统出现短路或关闭，这可能会让太空舱里的温度和二氧化碳含量显著升高，让宇航员身处险境。库珀被迫在重新进入地球大气层时尝试手工操作，依靠他的腕表和恒星知识规划下降路线。结果，太空舱溅落的地点距离等待救援的海军舰艇还不到 4 英里，从精准度上来说竟然创造了一个新的纪录。

水星计划结束后，任务的重心开始转向把两名宇航员同时送入太空，第二阶段被命名为"双子星"计划。其间共有 10 组宇航员进入地球轨道，任务的亮点包括几次太空行走、交会和对接。

在短短的几年时间里，美国的航天计划就已经跟跟跄跄地朝着月球进发了。这样的成功在很大程度上要归功于英勇无畏的宇航员们以及成千上万的工程师和科学家们的精湛技艺。然而，真正的核心人物是克里斯·克拉夫特，正是在他的积极推动下，才有了任务控制的概念，也是他为任务控制中心招募了一批优秀的人才。这些人家境一般，已经习惯于辛苦工作，知道如何战胜逆境。这些人对把一名美国人送上月球充满激情，而且他们非常年轻，根本不知道这几乎是不可能完成的任务。这些人也将面临他们生命中最严峻的挑战。

登月备忘录
主题：噩耗

1963 年 11 月 21 日，肯尼迪总统造访了位于休斯敦的载人航天中心，宣布美国将向太空发射世界上最大的火箭。肯尼迪不小心说漏了嘴，宣布说这枚火箭将"搭载最大的工资单……哦，有效载荷"。总统停顿了一下，然后补充说："也的确是最大的工资单！"

第二天，当总统车队通过得克萨斯州达拉斯市的迪利广场时，肯尼迪遭到枪击。肯尼迪的死在美国引起轩然大波。然而，他描绘的登月愿景依然像一座灯塔，指引和激励着任务控制中心的工作人员。正如杰瑞·博斯蒂克所言：

"肯尼迪遇刺身亡后，我们开始加倍努力，也更加坚定了要把他的梦想变成现实的决心。我们没有闲坐下来谈论这件事情，但这对我们来说非常重要。我们都知道自己该做什么。我们知道我们必须把美国人送上月球。"

如果阿波罗计划依靠的仅仅是肯尼迪的领导力，那么这个计划很可能会陷入困境。相反，这个计划源自他描绘的伟大愿景，所以会继续往前推进。

这个插曲也说明了一个问题，那就是靠激情驱动的计划还有另一个好处——即便计划的领导者和愿景的描绘者离开了、退休了，甚至过世了，这股热情也会激励人们继续砥砺前行。

自信总能带来回报

不管你觉得自己能行还是不行，通常你都是对的。

——亨利·福特

我们先来做一个思维实验，解一道几何题。这里有一张发射台的平面图：

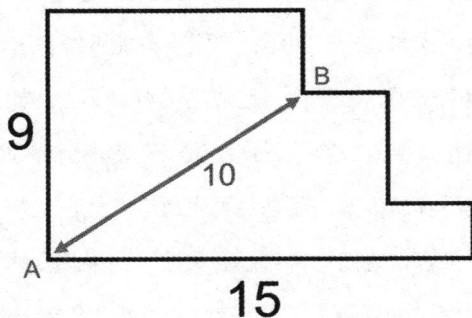

从图中可以看出，发射台的一侧长 9 米，另一侧长 15 米，从 A 点到 B 点的距离是 10 米。你需要购买一些围栏把发射台的四周全部围起来。你觉得你能算出来具体需要购买多少米长的围栏吗？在做决定之前，你要知道要求：不允许用尺子测量，不允许查找资料，也不允许向朋友请教。你觉得你能给出正确的答案吗？

我们一会儿再来说这个思维实验。首先，让我们认识一下颇具传奇色彩的心理学家阿尔伯特·班杜拉。

阿尔伯特·班杜拉出生于 1925 年，在加拿大北部的一个小镇长大。班杜拉来自一个大家庭，但家境很一般，所以他很快就意识到了：要想获得成功，只能靠辛勤工作，只能靠自立和坚持。高中毕业后，父母鼓励他利用暑假出去看看这个世界。他接受了父母的建议，真就上路了。他在阿拉斯加高速公路上找到了一份给公路补洞的工作。在工作之余，他留意到周围的工友们都有喝酒和赌钱的习惯，而且乐此不疲，这让他对人的大脑和思维产生了浓厚的兴趣。在随后的几年里，班杜拉拿到了心理学方面的各种资格证书，并最终在斯坦福大学谋到了一个教职。在斯坦福大学，班杜拉花了 20 多年的时间把成功作为一门科学进行研究，前面的那个思维实验就是基于他的开创性工作设计的。

几分钟前，我问过一个问题：你觉得你能否解答这道几何题？

有些人向来悲观，总觉得自己成功的机会不大。如果把这道几何题抛给这些人，他们通常直接就放弃了，连尝试一下都不会考虑，即便他们真去尝试解答，一旦发现不容易，他们还是会马上放弃。他们最初的悲观情绪会转化为心理学中的自证预言，他们觉得自己会失败，结果就真的失败了。肯尼迪在国会发表登月演讲时说的话令人记忆深刻："虽然我们无法保证有一天我们会成为第一名，但我们可以保证，如果不去做这种努力，我们就会是最后一名。"

　　相反，还有一些人向来对成功抱有比较乐观的态度。他们会受到自我信念的鼓舞，所以很愿意行动起来，而且也更有可能坚持下去。正因如此，他们也更有可能发现挑战其实并不像乍一看起来那么大，更有可能找到获得成功的创新方法。就拿前面提到的这道几何题来说吧，乐观主义者可能研究了一会儿后就会发现，有一个非常简单的解决方案。你完全可以忽略 A 和 B 之间的距离——这只是一个干扰数字，你需要做的只是先把右侧的两条横线稍微挪个位置，如图所示：

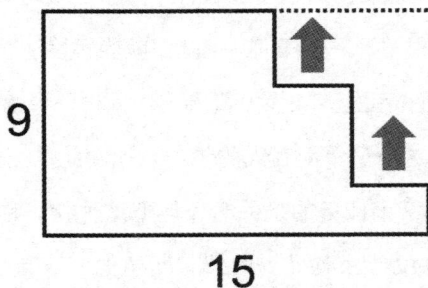

然后再把这两条竖线也挪个位置，如图所示：

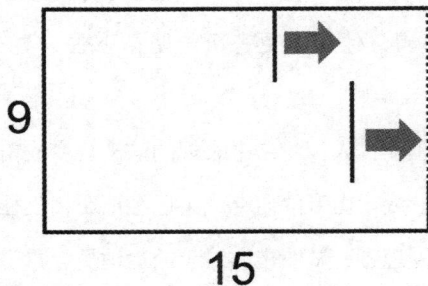

结果你就得到了一个完美的长方形，如图所示：

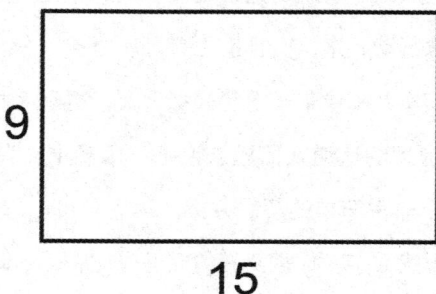

现在，很容易就能看出这个发射台的周长是 48 米了（2 个 9 米的边加上 2 个 15 米的边）。你根本不需要任何几何知识就能解答这道题——其实，任何人都能做到，只要他们行动起来，然后花点儿时间想一想就行了。

班杜拉迷上了这个简单而强大的想法。他由此推测：当一个人认为自己并不具备顺利完成某个任务的条件时（他把这种状态称为"低自我效能"），就会觉得去努力也没什么意义。此外，即便他们真着手去做了，一旦遇到障碍，他们也会倾向于放弃。相反，那些相信自己能行的人可不会这么想。当一个人认为自己已经具备顺利完成某个任务的条件时，就会想要事情做好（这种状态被称为"高自我效能"），他们更有可能开始行动，即便在前行的途中遇到了障碍，他们也更有可能坚持下去，更有可能另辟蹊径抵达终点。

班杜拉还大胆预测：人们对未来表现的信念会变成自证预言，这适用于日常生活的方方面面。成千上万的研究成果已经证明，班杜拉的预测是对的。不管是想要早日康复的患者、试图击败对手的运动员、希望考出高分的学生、试图改变世界的活动家、希望增大营业额的经理人、试图开创新业务的企业家还是想要戒掉坏习惯的烟民，悲观的人总是更容易失败，而乐观的人更有可能成功。

20 世纪 60 年代初期，美国的航天项目经历了几次发射失败，把一些猴子送上了太空，让艾伦·谢泼德在亚轨道飞行了 15 分钟，但肯尼迪给世人的承诺是在 1970 年之前把一名美国人送上月球。很多人觉得这个目标根本不可能实现。他们这么想也在预料之中，但实现目标的最大障碍就是这种想法。克里斯·克拉夫特招募的人都有过战胜逆境的经历，而且都充满自信。他们对成功抱有乐观态度，也愿意为实现目标全力以赴。用杰瑞·博斯蒂克的话说就是：他们都太年轻，根本不知道这几乎是不可能完成的任务。

好消息是增强自信其实非常容易。你只需要做到以下几点就可以了：不时给自己创造小小的胜利、跟自己对话、以积极的心态回首过往、为自己找一个值得崇拜的偶像。

不时给自己创造小小的胜利

特拉莎·阿玛贝尔教授是哈佛商学院的研究主任，她的研究方向是组织生命力的秘密。几年前她做了一项研究，请了大约 300 人每天给她发一封电子邮件，描述每天发生的事情以及他们的情绪、动机和生产力，这些人来自 7 个组织。4 个月后，阿玛贝尔收到了大约 12000 封电子邮件，她能够由此确认跟成功和业绩有关的因素了。有一家公司是研发家用电器的，另一家提供清洁服务，还有一家为宾馆提供复杂的电脑系统运维服务。不管这些公司是做什么的，说到预测成功，有一个因素总会不时蹦出来，这个因素可以简单概括为：小小的胜利。

阿玛贝尔发现，小小的里程碑也有惊人的激励效果。当面对一个几乎不可能完成的目标时，人们通常会觉得不堪重负，不知所措。然而，当他们把实现目标的过程拆分为几个小的步骤时，这个目标突然看起来就有可能实现了，人们也会因此变得信心大增。此外，每当其中的一个小步骤顺利完成，人们都会变得更有信心、更加乐观，这些小小的成功就像催化剂一样，会带来连锁反应，并引导人们取得更多的成功。现在，心理学家将这种情况称为"进展法则"，成千上万人参加的数百项研究也表明，将一个宏大的愿景拆分为一系列的小步骤十有八九能带来业绩的提升。辉煌的成功固然重要，但一个个小小的步骤才是关键。

把一个人送上月球也离不开进展法则的助力。当肯尼迪第一次对外宣布他的宏伟愿景时，所有人都被震惊了：把宇航员送到太空，让他们在一个遥远的土地上行走，然后还得让他们安全返回地球，这简直太不可思议了。然而，当火箭专家和工程师们确认了完成计划所需的各个步骤后，这项任务看起来就有可能完成了。团队意识到他们需要建造一枚能够摆脱地球引力的巨型火箭，需要建造一艘能够进入月球轨道的宇宙飞船，需要设计一个供宇航员往返母舰和月球表面的登月舱，需要想办法让登月舱回到月球轨道跟母舰交会。随着这些子目标在水星计划和双子星计划中逐一实现，每个人的信心都增加了。到了最后的登月时刻，这种自信心达到了顶峰。正如工程师杰伊·霍尼克特所言：

"当时我们都觉得自己已经无人可敌。我们都认为我们一定能做到，而且没有人能够阻止我们。我们根本不可能失败。我们没有失败。在阿波罗计划的整个进程中，好像大家都是这么想的。"

这种心态也反过来激励着他们砥砺前行，一步步迈向他们的终极目标。

当你面对一个看起来不可能实现的目标时，先把它拆分成多个小目标。此外，为了确保进展法则能够高效发挥作用，在设定小目标时也要运用 SMarT 思维，尽可能把目标定得具体、可衡量，而且有时间限制。举例来说，如果你的目标是减掉 20 磅体重，就可以考虑每周减掉 1 磅。如果你希望创建一个营业额达到六位数的新公司，可以先确保每个月找到一个新的客户。

在前行的途中，不要害怕回头望，研究表明，在遇到困难时能够坚持下来的人更有可能去思考他们已经取得了哪些成就。

最后，每当实现了一个小目标，都要庆祝一下，只有这样，你才会变得动力十足、自信心爆棚。任务控制中心的工作人员就是这么做的，每当太空舱成功溅落时，他们都会点一根雪茄，每当迎来新的里程碑，他们都要开个庆功派对。你可能没必要那么夸张，但即便给自己买个巧克力蛋糕也是有用的（除非你正打算减肥）。

如何跟自己对话

20 世纪伊始，一个略显奇怪的短篇儿童故事开始在全球各地出版。虽然各个版本的精确细节不尽相同，但故事的大致情节都是一样的。在故事中，需要牵引很多重载货车翻越一座高山，很多大型的火车头都拒绝了这项工作，此时，一个小火车头同意试一试。它喘着粗气使劲儿往上拉，嘴里还不停地重复着一句话："我觉得我能行，我觉得我能行。"最终，小火车头还真就拉着火车翻越了高山，它非常自豪地宣布说："我就知道我能行的。"在一个多世纪的时间里，《小火车头做到了》这本故事书一直激励着孩子们，让他们敢于面对严峻的挑战，并且相信自己能够做到。

虽然绝大多数人并不需要拉着很多重载货车翻越高山，但很多人都会以某种方式跟自己对话。不幸的是，这些内心独白通常并不是在说"我觉得我能行，我觉得我能行"，而是在说"我觉得自己做不到""我可能不会去做"以及"我永远也做不到"。不过，把内心的独白从"小火车头做不到"转为"小火车头做到了"并不难，这可真是个好消息。

让我们再来做一个思维实验吧。假设你正准备开始新的冒险，可你能够听到心底有个批评的声音，这个声音正在慢慢消磨你的信心。在我们的思维实验中，你想的可能是开始一段新的亲密关系（"我谈恋爱总是失败"）、开始自己创业（"我知道自主创业非常难，我永远也做不到"）或者换一份工作（"我有一份很稳定的工作，跳槽肯定是个灾难啊"）。

如果你正是这么想的，那就试着跟自己辩论一番吧。设想你最好的朋友也正准备开始同样的冒险，而且也说出了自己的顾虑，那么，你会跟他们说什么？很显然，你肯定不会鼓励自己的朋友鲁莽行事，但你肯定也不会任由他们对未来做出如此糟糕的预测。相反，你很可能会想办法实事求是地跟朋友探讨并为他们提供支持。比如说，如果你朋友显得非常消极，你或许可以指出过去的失败也有好的一面（"你们的关系的确很紧张，但你很善于吸取以往的教训，然后继续前行"），让他们提供证据（"为自己工作到底有多难啊？你跟别人聊过这个话题吗？"），指出未来可能比他们想象的光明多了（"你现在的工作可能很稳定，但我能够想象找到更适合自己的工作会让你更快乐"），或者尝试增强他们的信心（"你是个很坚强的人，不管发生什么你都能应付的"）。

"最好的朋友"之间的对话能够告诉你应该如何跟自己对话。不要接受你对未来的悲观预估，而要鼓励自己更加实事求是，多给自己一些支持，对自己更好一些。

这种方法还能帮助你免受他人的刻薄评价。17世纪的英国诗人约翰·多恩说过一句名言："没有人是一座孤岛。"心理学研究已经证明多恩是对的。人们能把感冒和咽炎传染给你，同样的道理，他们的情绪和态度也会对你造成影响。跟能够鼓励和支持你的乐观主义者待上一会儿，你就会突然觉得自己也变得富有激情、积极乐观了。同样的道理，如果跟怀疑你的能力、对你的未来持悲观态度的人待在一起，你很快也会觉得枯燥乏味、令人沮丧。

如果有人对你说你注定要失败，那就试试"最好的朋友"对话吧。问问自己，他们是真的很有见地，还是想通过贬低你让他们自己感觉良好。他们真的是为你着想吗？还是说另有所图？他们是不是总强调你的失败但对你取得的成绩闭口不提？不要随便接受别人的批评意见，更不要往心里去，先认真思考一番，想想你最好的朋友会怎么说。如果同一个人总是觉得你会失败，不要忘了那句古老的格言：跟你相处时间最多的五个人的平均水平就是你的水平。想想吧，你最好还是离这个人远一点儿，多去认识一些更积极乐观的人吧。

登月备忘录
主题：好运

　　你可能不会想到，宇航员和火箭专家们有时候也非常迷信。按照传统，美国国家航空航天局的宇航员们在升空那天吃的早餐都得有鸡蛋，这是因为艾伦·谢泼德乘坐"自由"7号飞船升空那天吃的早餐就含有鸡蛋。苏联也有类似的传统，他们的宇航员在走向火箭之前都会在送他们的汽车后轮处小便，这是因为尤里·加加林在执行那个历史性的任务之前也在同样的位置撒过尿。美国国家航空航天局喷气推进实验室的科学家们通常身边都有一罐花生，那是他们的幸运符。为什么呢？因为在20世纪60年代，喷气推进实验室的前六次无人登月飞行都失败了，但在执行第七次任务时，一名控制人员拿了一罐花生分给大家吃，结果那次任务成功了。

　　虽然很多人会觉得这种行为纯属迷信，但其背后可能隐藏着一定的道理。几年前，心理学家利桑·达米施主导过一项研究，他们请一些志愿者完成几个任务，比如高尔夫推杆和拼字游戏。有些志愿者被告知说他们使用的高尔夫球是幸运球，或者被要求在做任务前先完成一个看似迷信的仪式，比如交叉手指祈求好运。结果发现，这些幸运球和仪式带来了显著的效果，无论是推杆还是拼字，迷信的志愿者们都表现得更出色。这项研究还发现，这是因为幸运球和仪式让志愿者们感觉更自信了，所以他们会为自己设定更高的目标，也能够坚持更长的时间。

因此，下次当你觉得自己需要更多的信心时，不要不好意思，穿上自己的幸运袜、交叉手指祈求好运、早餐吃个鸡蛋或者到附近的公共汽车那里撒个尿吧。

乐观地回首过去

在预测未来的时候，人们通常都会回首过往。我们假设你想在星期天烤一个可爱的蛋糕。你觉得能烤成什么样呢？如果你最近总把东西烤煳，你很可能会觉得这次也会搞砸。然而，如果你此前烤的蛋糕都非常成功，那你这次也会充满信心。同样的道理几乎适用于生活中的方方面面。

我们已经知道，任务控制人员大多都出身普通家庭，他们都有想方设法战胜困难的经历，虽然生活给了他们一个又一个挑战，但最终他们都成功走出了逆境。长此以往，无论遇到什么新的挑战，他们都会乐观面对，即便这个挑战是把宇航员送上月球。

要想形成这样的思维方式，可以回想一下你自己成功摆脱困境的经历，比如在一次题目很难的考试中取得了优异成绩，当你不被看好时赢了一场比赛，或者成功完成了一项富有挑战性的工作。回想一下你的辉煌时刻，更重要的是，回想一下你是如何成功的——你当时有担心自己做不好吗？有人对你的能力表示怀疑吗？到底是什么因素促成了你的成功呢？

现在，在脑海中回放一下当时的场景。在大型体育赛事中，每当运动员有精彩的表现时，电视台都会一遍又一遍地回放当时的画面。你也可以试着用同样的方式回首过往，设想把你的精彩表现投到一个巨大的屏幕上，让整个体育场的人都能看到。

最后，想办法经常提醒自己回味当时的场景。你可以在抽屉上贴一张照片，这样每次打开抽屉时都能看到。也可以把你的获奖证书贴到墙上或者在桌子上放一个跟当时有关的纪念品。不管用什么方式，都是为了提醒自己你在过去有过辉煌的时刻，所以完全有理由对未来充满信心。

偶像崇拜

乐观地面对未来并不是你一个人的事儿，其他人也同样重要，他们也能够让你信心大增，让你觉得未来一片光明。当你看到别人取得成功时，也会发现，一些看似不可能的事情其实也是可能的。

为自己找一个值得崇拜的偶像，比如像美国的社会活动家和演讲家海伦·凯勒那样的人。凯勒生于 1880 年，小时候就是个多病的孩子，后来彻底丧失了视力和听力。凯勒是个坚强的人，她不想让身体上的缺陷限制自己的生活，于是开始慢慢学习如何沟通，最后她写了好几本书，还成为第一个拿到文学学士学位的聋哑人。凯勒还是一个积极的社会活动家，为保障妇女和工人的权益在美国各地奔忙。作为战胜逆境的励志楷模，海伦·凯勒曾经说过："乐观是通向成功的信念。如果没有了希望和信心，必将一事无成。"

你还可以找一名运动员做偶像，比如英国运动员罗杰·班尼斯特。20 世纪 50 年代早期，科学家们认为人类不可能在 4 分钟内跑完一英里。班尼斯特深信他能够证明专家们的说法是错误的。1954 年 5 月，经过长达数月的训练后，班尼斯特终于实现了自己的目标，用 3 分 59 秒 4 跑完了一英里。班尼斯特破纪录的成绩极大地鼓舞了其他跑步选手，他们开始向更快的目标发起挑战。1957 年，这个时间被缩短到了 3 分 57 秒，1958 年，再次被缩短到 3 分 54 秒。班尼斯特在回顾自己的成就时表示："虽然我们每个人看起来都很普通，但我们肯定在某些方面与众不同，也一定能做出一些不同寻常的事情，甚至是原本以为不可能做到的事情。"

你还可以找一个名人做偶像，比如奥普拉·温弗瑞。温弗瑞出生在密西西比州的贫民窟，她的整个成长历程充满了挑战。温弗瑞 14 岁时就怀孕了，但最终不幸流产。她转而把精力用到了学业上，并成功申请到了奖学金，进入田纳西州立大学攻读传播学。大学毕业后，温弗瑞进入巴尔的摩一家知名电视台担任新闻节目主持人，但工作并不顺利，后来她被要求去主持一个非常冷门的节目，实际上就是被降职了。温弗瑞并没有因此气馁，转而去芝加哥主持一档脱口秀节目，并逐渐火了起来，吸引了越来越多的观众。这档节目最终被更名为《奥普拉·温弗瑞秀》，在全美国热播，温弗瑞也因此成了美国有史以来最富有的女人之一，而且是白手起家。

你的偶像还可以是一名作家，比如 J.K. 罗琳。罗琳 25 岁左右就跟丈夫分居了，丢掉了工作，还要照顾年幼的女儿，母女俩就住在爱丁堡的一间小公寓里。在一次火车旅行中，罗琳萌生了写一个故事的想法，故事的主角是一名拥有魔法的小男孩。生活的困境并没能让罗琳低头，她开始在当地的咖啡馆里写作，但寄给出版社的书稿一次次被拒。罗琳最终坚持下来了，她创作的"哈利·波特"系列让她成为全球最富有的女人之一。

如果你正试图把一个团队带向新的高度，那你应该把关注的目标投向组织，而不是个人。如果你的情况正是如此，或许可以看看西南航空是怎么做的。20 世纪 90 年代末，西南航空陷入了严重的财务困境，公司要求管理层把短途航班的周转时间从 40 分钟压缩到 10 分钟，而且只给了他们两年的时间想办法做到这一点。航空专家们都觉得这是不可能完成的任务。然而，西南航空的管理层研究了一级方程式赛车后勤维修人员的超高效工作技巧，并把学到的经验用到了他们的航班上。最终西南航空实现了既定的目标，利润开始直线飙升。后来，全球各地的短途航线都陆续采用了西南航空的新周转方法。

或者，你也可以从日本变革高速出行方式的做法中找找灵感。第二次世界大战后，日本急需振兴国内经济，每天都有大量的货物和人员被塞进东京和大阪之间的火车里，但这条线路已经非常陈旧了，300 英里的行程竟然要耗费 20 多个小时。日本交通省的官员要求国内的工程师们赶紧研发速度更快的列车。几个月后，研发团队就造出了一个原型车，时速达到了 65 英里，这已经是当时全球最快的旅客列车之一了。虽然令人印象深刻，但官员们为研发团队设定了一个更加雄心勃勃的延伸目标，要求他们在十年之内研发出时速可达 120 英里的高速列车。很多工程师觉得这根本不可能，不过他们开始了漫漫征途，重新设计整个铁路系统和列车。功夫不负有心人，1964 年，全球第一辆子弹头列车成功发车，平均时速达到了 120 英里。日本工程师们取得的成就改变了全球各地的铁路出行方式，几年后法国、德国和澳大利亚就都出现了类似的高速铁路。

当然了，你还可以从另外一群人身上得到启发，他们创造了人类有史以来最伟大的奇迹——把一个人送上月球。

不管你的偶像来自哪里，都记得用他们的励志故事提醒自己：很多人已经取得了看似不可能取得的成就。提醒自己，想想他们是如何用信心和乐观精神熬过最艰难的岁月并最终改变世界的。或许你可以在自己的钱包里放一张他们的照片，也可以把他们的照片贴在冰箱门上、放在办公桌上或者贴在布告栏里。每次看到照片的时候，你都会想起他们是如何把不可能变成可能的。利用他们的故事给自己加油，让自己早日抵达成功的彼岸。

小结

相信自己有能力实现某个目标能够帮助你行动起来、坚持下去，并能够大大增加成功的机会。你可以借助以下方法增强自信。

★ 记住小小的胜利拥有强大的魔力。把你的宏伟目标拆分为一个个的小目标，然后分阶段去完成它们，一旦拿下一个小目标，就庆祝一番。

★ 不要容忍来自心底的消极声音。利用"最好的朋友"对话技巧跟自己进行更富有成效、更积极乐观的对话，多跟愿意鼓励和支持你的人来往。

★ 庆祝过往取得的成绩。把它们记下来，在你脑海中的大屏幕上播放。记住，你过去成功过，未来也一样可以做到。

★ 为自己找一个偶像，可以是一个人，也可以是一个组织，他们曾经完成了看似不可能实现的目标。不时提醒自己想想他们的励志故事。你要知道，如果他们能做到，那么你也可以。

登月备忘录
主题：什么都别做

早些时候，克拉夫特迅速学到了很多重要的教训，但这些教训来之不易。举例来说，在 1960 年的一次无人火箭发射中，克拉夫特和他的团队一开始很高兴地看到测试用的火箭在一团巨大的烟雾中点火起飞了。可是，当烟雾散去，他们可就没那么高兴了，因为他们发现火箭竟然还稳稳地立在地上。更糟糕的是，本应在太空舱返回地球时才打开的降落伞竟然打开了，就挂在火箭的侧面。如果被风刮起来，它们很可能会把整个火箭拉倒，造成不可挽回的损失。

要知道，火箭里装满了极度易燃易爆的燃料，面对明显不稳定的火箭，一名工程师被吓坏了，竟然建议用步枪射击火箭的燃料箱，打出一些洞让燃料散出来。不难想象，克拉夫特并不喜欢这个主意，他最终决定最好的办法就是什么都不做。阳光的照射让一些燃料挥发掉了，后来，风也小了，这意味着火箭应该不会倒了。最后，等火箭变得足够安全了，一名勇敢的工程师爬了进去，给火箭解除了武装。

关于飞行控制，克拉夫特奉行的最重要的准则之一就是："当你不知道该怎么做的时候，那就什么也别做。"这场危机的化解正是这条准则最好的写照。克拉夫特定下的这条准则简单而有力。当出现紧急情况时，人们通常都觉得应该赶快做点儿什么。可是，如果他们还没有完全弄清楚当时的状况，很容易就会把事情搞得更糟糕。在做出重要决定时，不要忘掉"什么都不做"这个选项。问问自己：是否有足够的信息支撑你做出明智的选择？如果你选择什么都不做，结果又会如何？

研究也表明，即便你的选择是做点儿什么而不是什么也不做，只要给你一个"什么都不做"的选项，也能够对你起到一定的激励作用。几年前，宾夕法尼亚大学的罗姆·施里夫特做过一个实验。他找了一些志愿者来做单词搜索游戏。游戏规则是每找到一个单词都能拿到一定的报酬，而且志愿者可以随时结束游戏。施里夫特把志愿者分为两组，第一组志愿者可以选择寻找明星的姓名或者各国的首都。第二组志愿者还有另外一个选择，那就是什么都不做。结果所有的志愿者都选择了去找单词，但选项的细微差别对结果造成了显著的影响，拥有"什么都不做"选项的志愿者坚持的时间比第一组志愿者长了大约40%，而且他们找出的单词数量更多。

施里夫特认为，之所以出现这种结果，是因为第二组志愿者在想："我拒绝了什么都不做的提议，所以我做出的选择应该比什么都不做更好一些，因此我应该坚持下去。"

不管是什么原因吧，这个简单而有力的准则完全可以用来激励人们坚持健康饮食、完成药物治疗、走进健身房以及更积极主动地投入工作中去。

第 **4** 章

星途征程一路坎坷

一场悲剧性的火灾迫使所有人停下来进行全面反思。

如何才能从失败中吸取教训，学到经验？

到了 20 世纪 60 年代中期，阿波罗团队已经完成了很多关键目标，包括知道了如何用可靠的方式把火箭发射到太空、航天器之间如何交会以及如何让宇航员在环绕地球的轨道上生存。对许多人来说，看起来太空竞赛的局面已经扭转，美国很快就能赶超苏联了。不幸的是，前方道路的崎岖程度远超所有人的想象，这段征途的焦点人物是加斯·格里森。

1958 年，空军飞行员加斯·格里森接到了水星计划的绝密信息，邀请他到华盛顿特区参加一场神秘的面谈。格里森以出色的表现通过了初试，然后是一系列体格检查和心理测试。本来一切都进展顺利，但医生突然发现他对花粉过敏，而且威胁说他可能会因此被拒。幸运的是，思维敏捷的格里森成功打消了医生的顾虑，他对医生说的是，据他所知，太空中可没有花粉。1959 年 4 月，格里森被选为"水星七杰"之一。

在这七名宇航员中，格里森是最有雄心也最勤奋的一个，他最终成了继艾伦·谢泼德后第二个进入太空的美国人。1961 年 7 月 21 日，格里森穿上太空服，爬进了他的宇宙飞船"自由钟"7 号。他的口袋里装了 100 个面值十分的硬币，他想着这次飞行结束后可以把硬币作为纪念品送给亲朋好友。整个发射过程安排得井井有条。很快，格里森感受到火箭已经点火，他乘坐的太空舱开始升空。持续 15 分钟的亚轨道飞行非常顺利，随后，"自由钟"7 号重新进入地球大气层，降落伞也按照预先的设定打开了。当格里森所在的太空舱溅落在大西洋里时，所有人都认为这次任务要画上一个完美的句号了。但事实上，一场潜在的灾难才刚刚拉开帷幕。

艾伦·谢泼德乘坐的"自由"7 号太空舱的舱门是用插销打开的，但"自由钟"7 号的舱门是用一次小型的爆破来炸开的。新的设计本意是帮格里森更方便地出舱，结果却几乎要了他的命。依据任务计划，格里森要在"自由钟"7 号的太空舱里等待直升机到来，救援团队会把一根缆线绑在太空舱上，然后引爆舱门的爆炸螺栓，让格里森安全地走出来，接着把他吊上直升机。不幸的是，安排周详的计划被彻底打乱了。

救援直升机刚赶到现场，"自由钟"7 号的舱门就突然爆开了，场面变得一片混乱，太空舱在大浪里不停地摇摆，海水开始从打开的舱门往里灌。格里森被迫迅速逃出太空舱，直接跳进了冰冷的海水中。为了防止"自由钟"7 号沉入海底，救援直升机开始尽最大可能低空盘旋，试图把一根缆线绑到太空舱上。直升机的轮子都已经浸到了海水里，情况非常危险，不过救援人员还是成功绑住了太空舱，但他们很快就发现，由于太空舱已经进水了，所以现在的重量已经远远超过了直升机的吊升能力。每次当直升机试图吊起"自由钟"7 号时，海水都会不停地灌进太空舱里。每次尝试都是对直升机发动机的巨大挑战。经过多次尝试后，救援人员最终只能被迫放弃了价值 200 万美元的太空舱。几分钟后，"自由钟"7 号就从海面上消失了，一路沉向大西洋海底。

与此同时，格里森也已经身陷险境，在匆忙中逃离太空舱时，太空服上一个打开的氧气阀门没来得及被关闭，海水开始慢慢地渗进来，大大减小了他的浮力。进水的太空服和随身带的纪念币加重了格里森的负荷，他发现想要浮在海面上越来越困难了。更糟糕的是，试图吊起"自由钟"7号的直升机在海面上掀起了一阵阵的波浪。还好，第二架救援直升机发现了格里森，救援人员意识到了格里森所处的险境，于是赶紧把他救了上来。也许再过几分钟，格里森就要溺水了。

对第二个进入太空的美国人而言，麻烦还远未结束。格里森通常不喜欢跟媒体打交道，因为这会让他觉得不舒服。有一次，为了避开记者，他甚至戴了一顶草帽和一副太阳镜。有些记者觉得格里森说话时显得唐突无礼，所以给他起了两个绰号——"阴郁的加斯"和"人面巨石"。完成他的历史性飞行后，在举办的多场新闻发布会上，记者关注的焦点通常都不是任务的成功，而是不停地问他：是否应该为舱门提前打开负责？是否应该为失去价值数百万美元的太空舱负责？格里森总是会反驳这种指控，水星计划的其他宇航员们也支持他的立场。随后，一个调查委员会给出了结论：格里森不需要对舱门提前引爆负责，也不需要对失去"自由钟"7号负责。尽管如此，还是有人认为格里森的这次历史性任务已经黯然无光。

这一次，格里森侥幸逃出了鬼门关。但在另一次任务中，他就没这么幸运了。那一次悲剧在所有参与航天计划的人们心中都掀起了巨大的波澜。

悲剧、风险和粗心大意

格里森的下一次飞行虽然不再那么富有戏剧性，但也引起了一些争议。这一次，格里森是和约翰·扬搭档，这也是双子星计划的第一次双人太空飞行。1965 年 3 月，两名宇航员搭乘的飞船从卡纳维拉尔角发射升空，不久就进入了环绕地球的轨道。在执行任务的过程中，扬跟格里森说他偷偷带了一些好吃的上来，然后就无比自豪地拿出了两个咸肉三明治。看到好吃的格里森也很高兴，于是就拿起来一个，咬了一口。片刻之间，太空舱里就出现了飘浮的碎肉，这些碎肉很可能会对那些精密的仪器造成损害。安全起见，格里森还是跟控制中心汇报了情况，然后把三明治妥善地收了起来。回到地球后，美国国家航空航天局的部分官员以及一些国会议员可不觉得这只是宇航员的恶作剧，经过认真研究后，他们正式宣布说："我们已经采取了必要的举措……确保未来的飞行中不会再出现咸肉三明治。"

到了 20 世纪 60 年代中期，水星计划和双子星计划均已收官，美国国家航空航天局已经做好转向下一阶段任务的准备，这一阶段的任务被命名为阿波罗计划，终极目标就是把一个人送上月球。水星计划和双子星计划的目标分别是把一个人和两个人送进太空，并在太空停留一段相对较短的时间，但阿波罗计划要完成的第一个任务是把三个人送进太空，而且要在环绕地球的轨道上停留的时间长达两周。1966 年 3 月，美国国家航空航天局宣布了执飞"阿波罗"1 号的宇航员名单：加斯·格里森、埃迪·怀特和罗杰·查菲。

"阿波罗"1 号任务需要建造一个比此前更大、更复杂的太空舱。开发这样一个太空舱（被命名为"指令舱"）需要协调来自美国各地的诸多工程师团队，可以说是一个巨大的挑战。格里森知道，每次发射升空都是一次性命攸关的冒险，所以他每次都会亲自评估研发的新技术。"阿波罗"1号的太空舱初具雏形时，格里森发现了几个小的瑕疵，并为此感到忧心忡忡。最后，他开始公开表达自己的担忧，他从自己庭园的树上摘了一个柠檬，把它挂到了"阿波罗"1号模拟器的外面，以此表明他觉得这艘飞船并不完美。

但"阿波罗"1号任务最终被批准放行，1967年1月27日，三名宇航员爬进了"阿波罗"1号的指令舱，进行发射前的例行测试。舱门关闭后，模拟开始。几分钟后，问题就出现了。格里森的耳机卡在了打开的位置，给不同团队间的通信造成了困难。格里森被惹恼了，开始质问："如果隔着两三个建筑的人都不能通话，我们还怎么去月球啊？"倒数读秒只能暂停，技术人员试图解决问题。

这时真正严重的问题出现了。

在"阿波罗"1号测试期间，曼弗雷德·冯·埃伦弗里德曾在任务控制中心工作。冯·埃伦弗里德于大萧条时期出生在俄亥俄州的代顿市，小时候参加过童子军，大学学的是物理专业，"斯普特尼克"1号也把他给吓着了，后来听到了冯·布劳恩关于宇宙飞行的励志演讲，并最终加入了美国国家航空航天局，在水星计划和双子星计划中扮演过重要角色。50年后，他还清晰地记得"阿波罗"1号例行测试的情况：

"'阿波罗'1号飞船是在卡纳维拉尔角建成的，而我们位于休斯敦。当时我做的是监测工作，整个下午的通信都非常糟糕，多数时间我们只能用手捂着耳机，试图听清楚飞行测试指挥和机组成员到底在说什么。我们给飞船发送指令，并检查我们的数据。突然我听到有人说：'飞船着火了！'我赶紧转头问旁边的同事：'你听到了吗？'我们坐在那里，想听听到底发生了什么。随后我就听到了发射组的人正拼尽全力想把宇航员们弄出来。"

短短的几分钟过去了，就像是一次平常的例行休息，随后，熊熊大火就把指令舱里的纯氧点燃了。查菲第一时间发出了警报，三名宇航员试图逃出指令舱。格里森乘坐的"自由钟"7号太空舱出现事故后，工程师们重新设计了一种全新的舱门。"阿波罗"1号的舱门由三个相互独立的部分组成：最里面是一个向内开的门板，中间是隔热罩的一部分，最外面的门板则是在发射期间对飞船起保护作用的。按照应急指南的说法，出现紧急情况时，机组成员应该能够迅速移除三层门板，然后逃出飞船。但现实证明，这根本就行不通。

惊慌失措的地面工作人员跑了过去，希望能帮到苦苦挣扎的宇航员们，但大火带来的高温和飞船里涌出的浓烟给他们的施救工作造成了巨大的障碍。工作人员没有被显而易见的危险吓倒，他们继续勇敢地尝试，并在短短的几分钟内从外面打开了舱门。不幸的是，已经太晚了。地面工作人员进入飞船后，发现三名宇航员都已窒息而亡。大家花了一个半小时才把宇航员们的遗体挪出太空舱，很多救援人员都吸入了浓烟，因此也必须接受治疗。

冯·埃伦弗里德记得克里斯·克拉夫特当时看起来脸色苍白、一脸严肃。他还回忆说，这场悲剧也给任务控制人员造成了可怕的影响：

"我们在任务控制中心能够听到发射组的同事试图扑灭大火，而我们什么也做不了。当喧嚣归于平静，我们意识到悲剧已经发生了，所有人都坐在自己的位置上，沉浸在悲痛之中。当时，其他工作人员也听到了消息，不断有人跑进来看看自己能帮上什么忙……但其实我们什么都做不了，帮不上任何忙。任务控制中心的有些工作人员从此变了一个人。走出控制中心时，我的眼里饱含着泪水，我突然意识到了这次事故的严重性。"

埃迪·怀特被以荣誉军礼的方式安葬在纽约的西点公墓。加斯·格里森和罗杰·查菲被并排安葬在阿灵顿国家公墓。离他们的墓地不远处就是约翰·肯尼迪的墓地，旁边燃烧着不灭的火焰，旨在纪念这位以远见卓识推动美国太空计划的伟大总统。

虽然格里森平时看起来话不多，但他会在日记里详细记下自己的感想。在其中的一篇日记里，他写下了为了更伟大的事业奋斗的价值所在，不管这项事业看起来多么困难、多么危险：

"如果我们死了，希望人们能够接受这一点。我们从事的就是危险的事业，我们希望，如果我们发生了任何不测，也不要推迟整个项目。征服太空值得冒生命危险。"

克兰兹宣言：面对失败的教训

事故发生后，调查人员把"阿波罗"1号的太空舱拆了个底朝天，以便搞清楚到底是哪里出了问题，以至于引发如此悲剧。结果发现，问题非常严重。太空舱里有很多裸露在外的电线，有些还出现了磨损，这些电线都可能产生致命的火花，进而造成太空舱里的易燃材料起火，包括宇航员穿的尼龙太空服、用来固定工具的魔术贴甚至是宇航员的座椅。太空舱里都是高压纯氧，一旦被点燃火势会迅速蔓延，留给宇航员的逃生时间极为有限。更糟糕的是，太空舱的舱门设计太过复杂，当时宇航员们根本不可能迅速逃出来。

在悲剧发生后的 18 个月里，美国国家航空航天局投入了数百万美元对阿波罗飞船进行了全面的改造：重新设计了太空舱的舱门，确保几秒内就能打开；减少了易燃材料的用量；并把太空舱里的纯氧气体换成了氢氧混合气体。然而，火灾带来的可不仅仅是技术的改变，它还从根本上改变了整个组织的思维模式。

吉因·克兰兹可能是任务控制中心最容易辨认的人，因为他总是留着标志性的小平头。在他的自传《永不言败》中，克兰兹描述了大火发生后的周一早晨把同事们叫到一起时的情形。他能够看出来，这次灾难性的事故让大家感到非常震惊，也非常沮丧。克兰兹完全能够理解大家的心情，但他也认为，这场大火之所以会出现，在一定程度上是因为人们不想开诚布公地谈论可能存在的问题，结果造成本该对任务喊停的时候大家还在不停地往前冲。克兰兹迫切地想要改变这种文化，他决定以非常坦诚的态度对现状做一次评估。他没有打草稿，直接站起来发表了一番毫无保留的即席演讲，这次演讲后来被称为"克兰兹宣言"。

克兰兹首先承认说，在阿波罗计划的推进过程中已经出现了严重的问题。他认为很多人都是在赶时间完成任务，所以忽略了这些显而易见的问题。接下来克兰兹宣布说，任务控制中心的字典里应该有两个词："严格"和"合格"。所谓"严格"，是指人们要对自己的行为有强烈的责任感，要对自己的成败得失负全责。所谓"合格"，是指他们的知识和技能绝不能出现短板，而且永远不能停止学习。克兰兹敦促每个人把"严格"和"合格"这两个词写在自己的小黑板上。克兰兹最后说，这两个词会时刻提醒大家不要忘记三名宇航员做出的巨大牺牲，这两个词也有助于确保类似的悲剧永远不再发生。

"阿波罗" 1号大火让所有人都意识到了开诚布公地表达自己的担忧和关切是多么重要。人们摒弃了试图掩盖失败和忽略潜在问题的想法，转而开始拥抱失误，把失误视为学习和成长的机会。一名飞行控制人员后来说过，这种情况就好比把所有牌亮出来打扑克，你无法靠虚张声势吓唬任何人，相反，不管是拿到了很差的牌还是出错了牌，你都只能承认。

大火引发了一场深刻的变革。许多年后，还有不少评论家说：如果没有"阿波罗" 1号大火带来的沉痛教训，尼尔·阿姆斯特朗可能永远都无法踏足月球。

杰瑞·博斯蒂克就是这场变革中的一个实例。在一次训练中，博斯蒂克和两名同事算错了几个数字，结果导致任务失败。在随后举行的任务执行情况报告会上，克里斯·克拉夫特问大家发生了什么事情。博斯蒂克的两名同事试图用别的话搪塞过去，但博斯蒂克坦言是自己犯了个错误。当天的晚些时候，克拉夫特开除了博斯蒂克的两名同事，但博斯蒂克因为勇于承认错误被留了下来。

晚年时的克拉夫特也曾有过反思，在他看来，从错误中吸取教训在阿波罗文化中扮演着重要角色：

"在我们这个组织里，开诚布公的氛围非常浓厚。当我们犯错的时候，我们会本着成长的心态告诉彼此我们正在犯错。这就是我们的学习方式……我们从来不会因为自己犯了错误就感到难为情，因为我们的确干了蠢事。我是说，我们干过很多很多的蠢事。但我们已经习惯了以开放的心态面对它们。要想完成我们的工作，这样的心态是非常必要的。"

现在的肯尼迪航天中心的游客中心会举办很多展览，展示的大多都是跟太空探索有关的尖端科技。2017 年 1 月，为纪念"阿波罗" 1 号的宇航员加斯·格里森、埃迪·怀特和罗杰·查菲逝世 50 周年，在游客中心揭幕了一个新的展览，展出了跟三名勇敢的宇航员有关的各种物品，其中包括"阿波罗" 1 号模型、他们穿过的衣服以及他们在太空使用的工具。

在展厅最中心的位置，是"阿波罗" 1 号受损太空舱舱门上的三块金属板。乍看上去，这只是三块无害的金属板，但事实上，它们是阿波罗计划至暗时刻的见证者。当然，这三块金属板也是一座代表进步的纪念碑。阿波罗团队从那场大火中发现了坦诚面对失败的重要性，并因此学会了成长，学会了勇敢前行。"阿波罗" 1 号大火是一场可怕的悲剧，但如果没有这场大火，以及它所带来的态度的改变，肯尼迪在 1970 年之前把一名美国人送上月球的梦想可能永远也实现不了。

这次展览的名字完美地概括了那场悲剧性大火传递出来的最重要的信息："星途征程一路坎坷。"

从失败中学习

世上唯一从来不犯错的人，是从来不做任何事的人。

——西奥多·罗斯福

我们不可能让时光倒流，去找出导致"阿波罗" 1 号大火的确切诱因。

可能是项目的工程师们有太多的工作要做，但给他们的时间非常有限，所以他们只能不顾一切地往前冲（有人给这种状况起了个专门的名字叫"狂赶进度"）；也可能是他们不敢承认出现了失误，因为这会让他们看起来很愚蠢、显得过于悲观，而且可能会影响他们的晋升，甚至让他们丢掉工作；还可能是水星计划和双子星计划的成功让他们过于自信、过于狂热了。虽然我们不知道确定的原因到底是什么，但我们的确知道人们在日常生活中为什么不愿意拥抱失败和失误。

你经常会对自己和他人做出假设。比如说，你小时候可能数学成绩特别不好，所以现在会觉得自己在数字方面没什么天赋。再比如，你可能在聚会时认识了一个人，并得知对方在图书馆工作，于是就假设对方一定是个内向的人。大约 30 年前，斯坦福的心理学家卡罗尔·德韦克研究发现：就成功而言，有一种假设至关重要。

有些人认为自己的智力、个性和能力基本上是固定不变的，认为自己就跟大理石雕像一样，日复一日、年复一年都不会改变。德韦克称之为"固定型"思维模式。相反，也有人认为自己的技能和个性都有很强的可塑性，就像柔软的黏土一样。他们相信，凭借自己的努力可以积累经验，改变自我。德韦克称之为"成长型"思维模式。

德韦克发现思维模式的不同对一个人的成长来说的确非常重要。她曾针对数百名高中生做过一项长达数年的研究，持续监测他们学习一门富有挑战性的数学课程的情况。在最初的几次考试中，拥有"固定型"思维模式的孩子和拥有"成长型"思维模式的孩子得分差不多，但仅仅过了几个月，"成长型"孩子的表现就明显好于"固定型"孩子了。在接下去的几年里，两组孩子的分数相差越来越大，到了最后，"成长型"孩子的得分已经遥遥领先了。

好奇的德韦克开始深入研究实验数据，结果发现孩子们分数上的差距在很大程度上是由他们对失败的不同认知导致的。拥有"固定型"思维模式的孩子深信自己的智力不会随着时间的流逝有所改变，所以他们不愿意犯错，因为他们觉得自己根本没能力更正所犯的错误。他们很想让自己看起来显得比较聪明，所以会刻意回避更具挑战性的数学难题，而且经常会想方设法掩盖自己的错误，或者把做错题归咎于他人。相反，拥有"成长型"思维模式的孩子则认为自己可以改变，他们更热衷于探索新知，而不是迫切地希望得到认可。他们喜欢做越来越难的数学题，能够从自己的失败中吸取教训，也能够坦然面对自己的失误。

不久后，德韦克就发现这两种不同的思维模式事实上对日常生活的许多方面都会产生影响。就拿减肥来说吧，拥有"固定型"思维模式的人会认为自己的体重不可能改变，所以只要他们的手一碰到曲奇罐，就放弃减肥的想法了。相反，拥有"成长型"思维模式的人会把想吃曲奇的冲动视为暂时的挫折，同时也会认为这是一个挺好的机会，能够让自己学会如何抵制未来可能出现的各种诱惑。长此以往，这两种不同的认知就会造成巨大的反差。研究发现，平均而言，拥有"成长型"思维模式的人减肥的效果远远好于拥有"固定型"思维模式的人。再拿谈恋爱来说吧，拥有"固定型"思维模式的人会认为对方不可能真正改变，所以出现问题时很快就会选择分手。相反，拥有"成长型"思维模式的人会认为人是会成长的，所以更愿意积极应对两人之间出现的任何问题。

即便是在工作场所，思维模式的不同也会带来不同的结果。拥有"固定型"思维模式的员工会认为工作中出现失误意味着自己不称职，这种能力的缺失是根深蒂固、无法改变的，所以他们会倾向于规避富有挑战性的任务，如果犯了错误，也会想方设法遮掩或者怪罪他人。相反，拥有"成长型"思维模式的员工会认为在学习和成长中犯错是难免的，他们乐于冒险，愿意走出自己的舒适区，即便失败了也能够坦然面对。

同样的道理也适用于员工的雇用和解聘。拥有"固定型"思维模式的领导者和经理人会认为员工不可能改变，所以他们宁愿重新招人也不愿意辅导现有的员工。如果员工的表现不佳，他们倾向于直接解雇，而不是帮助员工改进和成长。这种做法无疑会对整个组织造成损害，营造出一种糟糕的组织文化，导致员工都不愿意承担可能影响自身绩效的工作。相反，拥有"成长型"思维模式的领导者和经理人会认为员工都有成长的潜力，他们不会期望员工刚来的时候就是完美的，只要员工愿意学习就好。他们更倾向于从内部培养人才，帮助员工把自己的工作做好。

当然了，这并不意味着重复犯错是件好事。重要的是人们愿意接受富有挑战性的任务，能够坦然面对自己所犯的错误，并能够从中吸取教训。令人庆幸的是，塑造"成长型"思维模式并不复杂。事实上，你只要做到三点就足够了：完成两个步骤的宇航员挑战，给你最好的朋友写封信，使用几个具有魔力的词句。

宇航员挑战：第一部分

接下来我会给你机会去解一道名为"宇航员挑战"的难题。这道题当然不容易，大约有 50% 的人都无法在给定的时间内完成。你也不是非得尝试完成这个挑战。选择权完全在你手上。在决定要不要挑战之前，可以先把你的想法写在下面的横线上：

我的想法是：＿＿＿＿＿＿＿＿＿＿＿＿＿＿＿＿＿＿＿＿＿＿＿＿。

你的脑海中有没有冒出下面的这些想法？

"哦，听起来这道题很难啊，我可不想以失败告终，所以最好还是跳过这个挑战吧。真要失败了肯定显得不光彩，而且也会给我造成很大的压力。"

"太棒了，我最喜欢破解难题了，这听起来是个好机会啊，刚好可以证明我有这方面的天赋。"

"我很愿意试试，就算我失败了，也没人知道不是吗。"

你可能已经猜到了，上面这些想法反映的都是"固定型"思维模式。不过好消息是改变这种思维模式并不是什么难事，你也可以学会以一种更积极的"成长型"思维模式看待这种棘手的挑战。当面对一个棘手的挑战时，你可能会下意识地选择逃避，以免遭遇失败。不要躲开，相反，先花几分钟时间想想你为什么应该接受这个富有挑战性的任务。首先，如果成功了你能得到什么好处？不过更重要的可能是，如果失败了你能得到什么好处？你是不是能获得一些新的技能？是不是能了解一些有趣的事情或者重要的事情？失败是否有可能带来新的机会和可能性？如果你试都不试，那铁定就是输了，你觉得这还有什么光彩可言吗？

就宇航员挑战而言，如果成功了，你会有一种良好的感觉。但即便失败了，你也知道了一个有趣的难题，以后还可以跟朋友、同事和家人分享。这个经历可能有助于你在未来从容应对其他的挑战。也有可能将来你去应聘时刚好考到了这道题，那你就能拿个高分了。或者，你也可能经由这次挑战学到了新的数学原理或心理技巧，具体就取决于这是个什么样的难题了。再或者，你可能在去参加派对时跟一位陌生的异性聊到了这道难题，结果你们双双坠入爱河，最终还幸福地走到了一起。所有这些想法反映的都是"成长型"思维模式。

我们假设你现在已经愿意接受宇航员挑战了，那就来吧。下面的图中共有三名宇航员和三个箱子，箱子里分别有电、水和氧气。

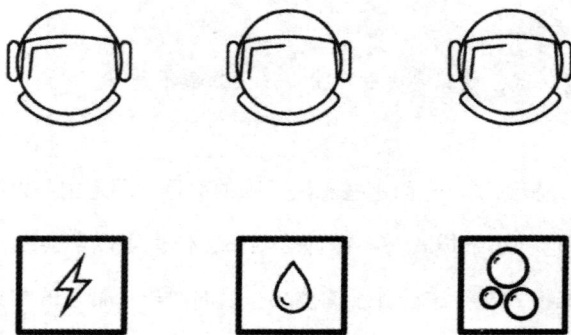

每名宇航员要想生存都必须拥有这三种物质，缺一不可。你能否用线把三个箱子和三名宇航员的头盔连起来，但要求所有的线都不能出现交叉？也就是说，像这样的线是可以的……

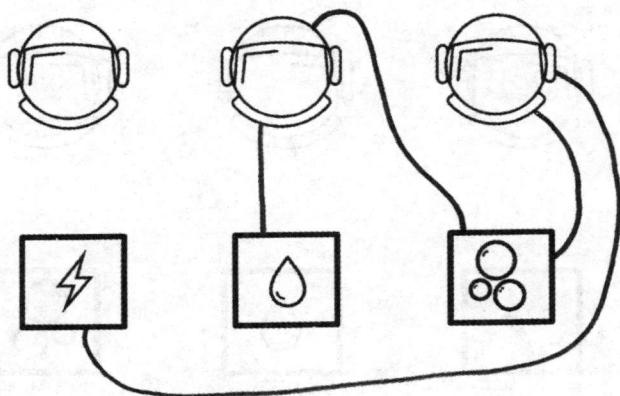

因为所有的线都没有交叉。不过，连接水和第三名宇航员的这条线……

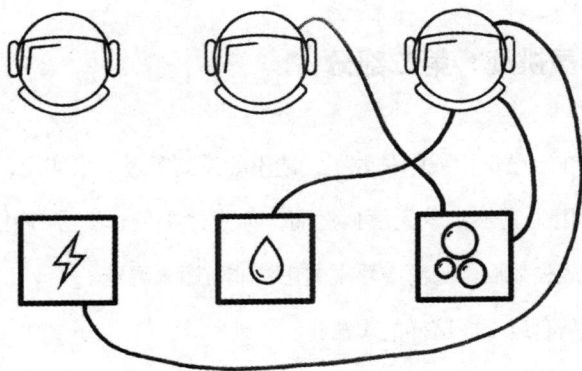

是不可以的，因为它跟连接水和第二名宇航员的线交叉了。给你3分钟的时间破解这道难题。开始。

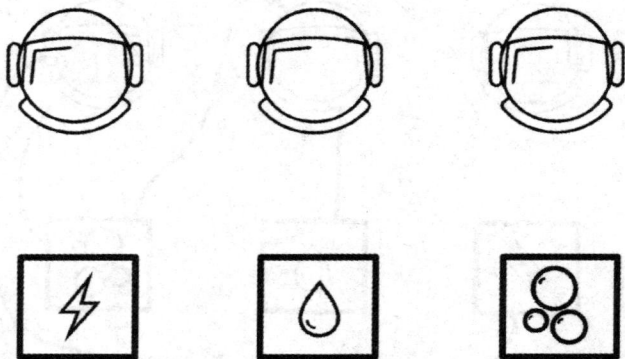

在宇航员挑战的第二部分，我们来看看你的表现暗藏着哪些玄机。

宇航员挑战：第二部分

如果你在宇航员挑战中失败了，请不要感到难过。事实上，这道难题谁也解答不了，因为它根本就无解！然而，你生命中的这 3 分钟并不是白白浪费了，因为挑战失败后你脑海中浮现的想法非常耐人寻味。

你是不是有过下面这样的想法？

"我显然不适合挑战这样的难题，我以后再也不碰这种东西了。"

"这真是个愚蠢的挑战，我要忽略它，去做点儿更有意义的事情。"

"3 分钟的时间太短了，如果再多给点儿时间我就能解开这道难题了。"

这些想法都是在淡化你的失败，都意味着你试图避免将来再出现同样的失败，所以反映的都是"固定型"思维模式。再说一遍，转变为一种更积极的思维模式并不是什么难事。挑战失败后，拥有"成长型"思维模式的人会迫切地想要知道答案，会思考未来如何才能让新学到的知识为己所用。当他们发现这道题本来就无解时，他们通常都想知道为什么无解（如果你也有兴趣，可以去看看本书的附录），同时也会思考如何才能用这道难题去逗逗他们的家人和朋友。

接下来就是练习的最后一部分了。假设你要把宇航员挑战分享给自己的朋友和同事，你会对他们说什么？把你要说的话简要地写在下面的横线上。

我可能会说：＿＿＿＿＿＿＿＿＿＿＿＿＿＿＿＿＿＿＿＿＿＿＿＿＿＿。

你是否提到了自己也没能解开这道难题？别忘了，拥有"固定型"思维模式的人会极力掩盖自己的错误，而拥有"成长型"思维模式的人更愿意坦然面对自己的失败。面对批评意见时这两种思维模式的人也会有类似的反应。当有人提出批评性的反馈意见时，拥有"固定型"思维模式的人倾向于采取防御姿态，会跟提出建议的人狡辩，甚至是攻击对方。相反，拥有"成长型"思维模式的人会乐于改变，也愿意聆听，他们希望能从别人的批评意见中学到有用的东西。如果你需要切换到"成长型"思维模式，那就别对自己的失败遮遮掩掩，同时要积极拥抱有利于自己成长进步的机会。

同样的道理在组织内也是适用的。任务控制人员过去常常在当地的一个德国啤酒花园里召开情况报告会，他们会花几小时的时间讨论自己犯过的错误以及可能的解决方案。如果你也是团队的一员，那就努力在团队中营造出一种文化，让大家乐于公开谈论自己犯过的错误，让大家能够齐心协力找出前行的最佳途径。采取此类行动的方式很多，比如举办"失败"派对、利用内部网站或者活动挂图板展开讨论等。我所知道的最有创意的方式来自一家社交媒体公司，他们每个月都会举办一次名为"失败教堂"的聚会，鼓励员工在聚会上就自己所犯的错误进行"忏悔"。在"忏悔"的时候，员工首先要简单描述自己所犯的错误，更重要的是要进行反思，说一说下次遇到同样的问题时他们的做法会有何不同。每当有人"忏悔"完毕，大家都要为这个人欢呼和鼓掌！

登月备忘录
主题：我干过的那些蠢事

　　戴尔·卡耐基的励志经典《人性的弱点》已经卖出了超过 3000 万册。终其一生，卡耐基都在更新一份个人文件，这份文件的名字叫作"我干过的那些蠢事"。卡耐基会在这个文件中记下自己犯过的重大错误以及他从中学到的经验教训。

　　如果这种做法对卡耐基有帮助，那它对你也同样有帮助。不要试图忽略你犯过的错误，你要向这位誉满全球的励志大师学习，简要记下自己所犯的每一个错误，以及你从中学到了什么。

　　很显然，如果你总犯同样的错误，那就不应该了，那只能说明你能力不够。不过，只要能够从中吸取教训，犯错并不是什么坏事。

亲爱的玛蒂尔达

假设你最好的朋友名叫玛蒂尔达。你认识玛蒂尔达已经很多年了，你们俩曾经同甘共苦，无论遇到什么事情都能相互扶持。玛蒂尔达一直对太空探索无限憧憬，就在几个月前，她开始在大学里学习火箭课程。今天，你收到了玛蒂尔达的一封电子邮件：

嘿，

希望你一切都好。我还在享受大学生活，但有几门课程开始让我感觉吃力了。上周有一次重要的代数考试，我考砸了，虽然我还没跟任何朋友提过起这事。没人告诉我这门课这么难，有些数学材料是这门课的核心所在，我怀疑自己的脑子根本就不适合学习这些材料。我还是想成为一名火箭专家，但现在我都想退学了。

有什么好的建议吗？

爱你的
玛蒂尔达

你可能也注意到了，玛蒂尔达看起来是个拥有"固定型"思维模式的人。你会如何回信呢？如何鼓励她逐渐成为一个拥有"成长型"思维模式的人呢？

亲爱的玛蒂尔达，

_____

_____。

　　现在，我们来看看你的回信。下面这些想法可能是你已经提到的。看看是不是。

　　★ 你可能回忆了过去几年里玛蒂尔达是如何改变的，也提到这些改变足以证明她有惊人的成长和学习能力。或许她掌握了一项新的身体技能，比如学会了开车、弹吉他、玩杂耍或者打高尔夫。也可能她获得了一种新的心智能力，比如学会了说一门新的语言、拿到了一个资质证书或者在工作中适应了一种新的角色。你如何才能利用这些经历让玛蒂尔达意识到她是能够改变和成长的？这将如何帮助她继续前行？

　　★ 你是否提到了是什么促成了这些改变？可能玛蒂尔达花了很长的时间练习、非常努力而且适应能力很强？她是否面临过失败并从错误中学到了经验教训？当前行的道路变得越来越难走时，她是否成功地克服了种种障碍坚持前行？她是否发现了承认失败对自己是有帮助的，而且还利用曾经的失败确认和改进了自身的不足？借助这些认知能够如何帮助她继续自己的学业？

　　★ 你提到自己的生活了吗？在过去的几年里你成功掌握了哪些身体技能和心智能力？在过去的十年里你都有哪些改变？这些改变又是如何发生的？你的这些改变能够如何激励玛蒂尔达继续前行？

　　★ 考虑到玛蒂尔达认为她的大脑不适合学习数学知识，告诉她有科学证据表明所有人的大脑都是可以改变的（这种现象被称为神经重塑），这或许对她有帮助。举例来说，如果你很不幸中风了，你的大脑会对自己进行重组，以帮助恢复你失去的部分机能。如果你连续几天都戴着眼罩，你的大脑中负责处理视觉信息的部分就会开始更多地聚焦声音和触觉。如果你花了几年时间掌握了一种乐器，你的大脑中负责注意力和决策的神经元网络就会被强化。如果你花费几个星期学习杂耍，你的大脑中负责关联视觉和运动的区域就会长出更多神经细胞。

★ 最后，你还可以提到历史上出现过的某个励志故事。比如说，我们在上一章提到的那几个名人：奔跑速度超出所有人想象的罗杰·班尼斯特；虽然双目失明、双耳失聪但仍为保障妇女权利做出重要贡献的海伦·凯勒；出生在贫民窟却最终登上全球富人榜的奥普拉·温弗瑞。他们都足以证明坚持的重要性，也都足以证明每个人在改变自我方面都有巨大的潜力。

好了，回顾完这些关键点，试着重新给玛蒂尔达回一封电子邮件吧。把上面提到的一些想法包括在内，鼓励她转变思维模式，鼓励她把自己的失败视为迈向成功的跳板。

亲爱的玛蒂尔达，

_____

_____

_____ 。

具有魔力的词句

魔法师会借助咒语把看似不可能的事情变成可能，比如"阿布拉卡达布拉"或者"豪可斯帕可斯"。同样的道理，在跟自己或他人对话时，你也可以借助特定的词句变幻出"成长型"思维模式。

假设你有一个儿子或者女儿，他／她刚刚参加完一门重要的考试，而且得到了一个不错的分数。你会对他／她说什么？

我可能会说：_____。

现在，让我们假设他／她其实并没有特别努力但依然拿到了高分。那么，你会对他／她说什么？

我可能会说：_____。

最后，如果他／她已经非常努力了考得却不理想，你又会对他／她说什么？

我可能会说：_____。

20世纪90年代末，卡罗尔·德韦克开展了一项著名的思维模式研究。她邀请了一群学生做数学题，并把他们分成了两组。对第一组学生，她主要夸他们聪明（"做得这么好，你肯定非常聪明……"），对第二组学生，则主要夸他们非常努力（"哇，你看起来非常努力啊……"）。出乎意料的是，这个小小的改变就足以改变学生们的思维模式了，被夸聪明的学生更有可能形成"固定型"思维模式，而被夸努力的学生更有可能形成"成长型"思维模式。接下来，她又对所有学生做了一次测验，并让他们自己说说考得怎么样。结果发现：形成"固定型"思维模式的学生中有将近40%的人试图掩盖自己的失败，他们说出的分数都要高于自己的实际得分；但在形成"成长型"思维模式的学生中，虚报自己分数的人仅为10%。

回想一下当你儿子或女儿获得高分时你是怎么说的。你是表扬了他／她的智力、天赋和能力吗？我们发现，如果你表扬一个人有天赋当然会让他感觉良好，但他也会因此开始担心自己的好名声受到损害，所以更有可能遮盖自己的失误，即便犯错了也不希望别人知道。相反，表扬一个人非常努力就好多了，你可以把关注的焦点放在他／她的学习技能（"你每天晚上给自己做个小测验的主意还真是不错"）或者考试技巧（"你面临压力也能考这么好，这一点给我留下了深刻的印象"）上。

我们再来看看当你儿子或女儿并没有特别努力但依然拿到了高分时你是怎么说的吧。还是那句话，不要夸赞他／她的能力，而是要激励他／她去迎接更大的挑战（"好吧，看起来这次考试对你来说太简单了。你觉得什么样的题目才更有挑战性？"）。

如果他／她已经非常努力了但考得还是不理想，最有效的方式就是把关注的焦点放在他／她付出的努力上，并且助他／她一臂之力（"你能这么努力我真的很高兴——要不我们一起看看到底哪儿是你的薄弱环节吧？"）。

同样的道理也适用于工作场所。鼓励你周围的人采用"成长型"思维模式，尝试给出积极的反馈，强调他们付出的辛勤努力（"恭喜你，这笔生意能做成离不开你的努力"），夸赞他们愿意接受新的挑战（"你走出了自己的舒适区，而且做得很好"），表扬他们的适应能力（"那真的挺难的，但你一直都在努力适应，并最终完成了任务。干得不错！"）。

最后，卡罗尔·德韦克督促人们，在跟自己或他人对话时，要多用"暂时"这个具有魔力的词。如果你发现自己认为无法实现某个目标，或者听到别人说他们苦苦挣扎但还没有成功，那就在对话中加入"暂时"这个词，帮助自己或他人采用"成长型"思维模式。比如说，把"我不是那种会去健身房的人"改为"我暂时还不是那种会去健身房的人";把"我没有足够的钱自己开公司"改为"我暂时没有足够的钱自己开公司";把"我没有大学文凭"改为"我暂时没有大学文凭"。

就塑造思维模式而言,你跟自己及他人对话的方式至关重要。

小结

你看待失败的态度非常重要,采用"成长型"思维模式、接受棘手的挑战、坦诚面对自己的失误和错误也非常重要。

★ 把巨大的挑战视为学习和成长的机会。记住,待在舒适区里可能感觉很爽,但那里什么都不生长。

★ 如果你失败了,要勇于承认,不向自己和他人隐瞒。不要试图掩盖自己的失误,也不要假装自己做得很好。认真找出错在哪里,然后确保将来不再犯同样的错误。同样的道理,如果别人对你提出建设性的批评意见,不要试图狡辩,而是要提醒自己,只有认真聆听、好好学习,才能收获良多。

★ 向戴尔·卡耐基学习,把你干过的蠢事列个清单,并写上你从中学到了什么。

★ 记住,特定类型的词句有助于塑造"成长型"思维模式。在表扬别人时,强调付出的努力,而不是取得的成绩,强调学习能力,而不是天赋。另外不要忘记使用"暂时"这个具有魔力的词。

登月备忘录
主题：把工作做好

虽然格里森在应对水星计划的艰苦训练项目时绰绰有余，但作为世界著名的宇航员，他也有自己不太擅长的事情。

格里森是战斗机飞行员出身，他已经习惯了尽可能用最少的词语传递自己的想法。当他驾驶飞机在敌军上方飞行时，这种沟通方式当然没有问题，但是，当他在地面上跟朋友和同事也这么沟通时，这可能就是个问题了。

有一次，"水星七杰"造访了一家火箭制造商，格里森被邀请给一大群工程师讲几句话。要知道，在公开场合发表演讲从来就不是格里森的强项，他走上讲台，就说了一句话："嗯……把工作做好。"幸运的是，工程师们很喜欢这个短小的座右铭，这句话很快就在航天工业圈里传开了，美国各地的工厂和办公室里都出现了"把工作做好"的标志和海报。

格里森的这句话展现了座右铭的力量。如果要用一句简短的话概括你的做事方式或者你参与的项目，这句话会是什么呢？

第 **5** 章

"任务不会因为我
而失败。"

确保世界上最大的火箭能够顺利发射的准则。

如何通过端正自己的态度提升自己的高度？

"阿波罗" 1 号大火是登月计划遭遇的一次重大挫折。不过，吸取教训后，阿波罗计划开始重回正轨。水星计划把一名宇航员送进了地球轨道，双子星计划又增加了一名宇航员。阿波罗计划要想获得成功，必须由三名宇航员组成一个机组，他们要完成数千英里的太空旅行，顺利完成登月，并最终安全返回地球。要想完成这个巨大的飞跃，阿波罗团队必须在技术上实现一系列的突破，此外，积极向上的心态也同样重要。

第二次世界大战结束后，卡纳维拉尔角就成了美国发射太空火箭的首选场地。火箭发射台位于佛罗里达州的布里瓦德县，当地的很多居民都对太空探索充满激情。20 世纪 90 年代末，布里瓦德县举行了一次关于电话区号的听证会，长期居住在这里的太空迷奥齐·奥斯班德听说后想到了一个很棒的主意，于是立即请假赶往听证会现场。他强烈建议把布里瓦德县的区号设为 "3-2-1"，希望以此纪念所有从卡纳维拉尔角发射升空的火箭。奥斯班德的创意赢得了大家的认可，这个区号无疑是在提醒所有拨打电话的人们：布里瓦德县对美国的太空探索事业做出了卓越贡献。随后，奥斯班德也被授予了一个特殊的电话号码："321- 发射"。这个号码足以反映出他对火箭的执着与热爱了。

整个 20 世纪 60 年代，到佛罗里达州"太空海岸"旅游的人们都会无比兴奋地等着播音员读出奥斯班德的电话号码，然后现场体验火箭发射带来的那种震撼。水星计划和双子星计划发射的火箭的确让人感到振奋，不过，跟阿波罗计划需要的火箭相比，前面这些火箭就真是小巫见大巫了。在水星计划的后期，已经可以把载有两名宇航员的太空舱送入地球轨道。但阿波罗计划使用的飞船由三个部分组成：能够将三名宇航员送入月球轨道的指令舱，宇航员往返月球表面使用的登月舱，以及载有各种物资和燃料的服务舱。为了确保这么大的重量能够挣脱地球引力，阿波罗计划的工程师们设计和制造了世界上最高、最重、最强大的火箭："土星"5 号运载火箭。

"土星"5 号运载火箭的每一项数据都非常惊人。火箭由五大部分组成。最底部是一级火箭，高约 42 米，直径约 10 米，载有超过 30 万加仑①的液氮、20 万加仑的煤油燃料和 5 台有史以来最大的发动机。二级火箭高约 25 米，载有 26 万加仑的液氢、8 万加仑的液氧和另外 5 台大型发动机。三级火箭高约 18 米，载有 6.5 万加仑的液氢和 2 万加仑的液氧。火箭的倒数第二部分装载的是指令舱、登月舱和服务舱。"土星"5 号的顶部是一个逃逸塔，一旦火箭在发射过程中出现故障，逃逸塔就可以带着宇航员迅速飞离危险区域。

水星计划和双子星计划使用的火箭都是从卡纳维拉尔角空军基地发射升空的，发射台的规模相对适中。然而，"土星"5 号运载火箭显然需要更大的发射台和发射装置。美国国家航空航天局决定在卡纳维拉尔角北部的一个半岛上建

---

① 英美制容量单位，英制 1 加仑等于 4.546 升，英制等于 3.785 升。

造一个全新的基地。为纪念几周前遇刺身亡的肯尼迪总统，这里被重新命名为肯尼迪航天中心。

"土星"5号运载火箭的不同组成部分在美国各地制造完成后，会通过海、陆、空多种方式运送到肯尼迪航天中心，随后在巨大的装配大楼内进行组装。这幢大楼是世界上最大的建筑物之一，它的外墙上绘有一面巨大的美国国旗（每颗星星的宽度是6英尺，每个条纹的宽度是9英尺，是世界上最大的美国国旗喷绘作品）。装配大楼的内部空间也非常大，里面甚至形成了一套独立的天气系统（在潮湿的日子里，天花板下面会出现雨云，必须借助大楼内重达万吨的空调设备才能让雨云消散）。

装配好的"土星"5号运载火箭约有35层楼高，是后来把航天飞机送入近地轨道的火箭高度的两倍。工程师们会对装配好的火箭进行一系列复杂的检测，然后缓缓地把已经立起来的巨大火箭及其支撑装置运输到发射台上。发射当天，工作人员会把宇航员们固定在宇宙飞船的特定位置，最后所有地面工作人员都会撤退到远离发射台的安全地带。

"土星"5号运载火箭由几百万个零件组成，即便只有极小比例的零件在发射时出现故障，都有可能导致火箭里装载的海量燃料发生爆炸，把整个发射台变成一个巨大的火球。事实上，1969年，苏联的一枚小型火箭就在发射时发生了故障，结果造成了有史以来最为壮观的一次非核爆炸。可以说，火箭宇航员们的身下就是一个巨大的炸弹，哪怕最细微的一个错误都可能是致命的。

对自己的行为负责

宇航员肯·马丁利执飞过后期的阿波罗任务，在火箭发射前，他花了几个晚上到发射台检查火箭的不同组件，他希望这枚火箭能够把自己顺利送上月球。他经常会想到设计、制造和检查"土星"5 号运载火箭的数千名工作人员。

有一天晚上，马丁利顺着梯子爬到了发射塔的上部。他发现了一个打开的舱门，于是就爬了进去，发现里面是个很大的房间，布满了各种管子、电缆和电线。房间里还有一名工程师，工程师认出了马丁利，于是他们就攀谈了起来，聊的话题是阿波罗任务可能涉及的各种风险。闲聊的过程中工程师说他根本不清楚火箭的很多零件是如何工作的，比如说他不知道大量的燃料是如何产生巨大的推力让火箭挣脱地球引力的，也不知道导航系统是如何确保飞船能够登陆月球的。工程师的话让马丁利不由得有些担心。但工程师随后看着自己面前的一块面板说，那块面板就是他的职责所在，他的工作就是要彻底搞清楚面板里面复杂的电路，并确保面板处于完美的工作状态。最后，工程师向马丁利保证说，登月任务不会因为那块面板失败，也不会因为他的工作没做好而失败。

就在那一刻，马丁利意识到，此前的阿波罗任务之所以能够成功，是因为很多参与计划的人都有同样的个人责任感，他们都秉承同样的态度："任务不会因为我而失败。"发射台主管甘特·温特就是另一个鲜明的例子。

温特出生在德国，身材瘦削，总戴着一副眼镜，对领结情有独钟，是阿波罗计划中最受欢迎也最古怪的人之一。温特负责的是绝尘室，在进入飞船之前，宇航员们要在这里做最后的准备。

温特的工作是确保宇航员们在飞船里能够被牢牢地固定好，然后跟他们道别，祝他们好运，最后封上指令舱的舱门。虽然脸上总带着愉快的笑容，但温特对绝尘室采取的可是铁拳统治。没有他的同意，任何人都不准碰里面的任何东西。有一次，一名工程师未经温特许可就进去做了一些调整，结果温特喊来了保安，把那名工程师给轰了出去。

温特凭借强烈的责任感赢得了阿波罗团队的尊敬。人们也经常会拿他的责任感开玩笑。宇航员约翰·格伦还给他取了个绰号——"发射台上的元首"。跟马丁利遇到的那名工程师一样，温特也对自己的工作充满了强烈的责任感，而且绝不会推卸责任。在约翰·格伦出征之前，温特对格伦的妻子安妮说过这样一段话：

"我不敢保证约翰能够安全回来，没有人能保证，因为涉及的机械装置实在太多了。但有一件事情我可以向你保证：当飞船离开地面的时候，一定是处在最佳的发射状态。万一飞船出现了事故，我愿意亲自来告诉你，并看着你的眼睛对你说：'我们已经尽了最大的努力。'我问心无愧。"

在休斯敦，任务控制中心的很多工作人员也是这样对待他们自己的工作的。当尼尔·阿姆斯特朗踏上月球时，埃德·芬德尔负责地面控制中心和宇航员之间的通信。跟任务控制中心的很多人一样，芬德尔也来自一个普通的家庭。他在辛辛那提市出生和长大，童年的大部分时间都在父亲的杂货店里工作，家里从来都不富裕。芬德尔上过两年大学，学的是市场营销专业，专科毕业后先是进入了空管部门，后来就到了美国国家航空航天局。跟很多的任务控制人员一样，在回顾自己的工作时，芬德尔也提到了承担责任、不把事情搞砸和努力工作的重要性：

"如果我们认为能够实现登月是因为我们特别聪明，那就错了。现在的很多孩子都比我们聪明多了，而且拥有更好的工具。我们能够登月，是因为我们有正确的态度。团队里的每一个人都有一个强烈的态度，那就是'我能'。我从来没听任何人说过'我做不到'——大家对你的期望就是找到问题的解决方案和做好自己的本职工作。我们有很强的职业道德。我们能够晚上9点下班，星期六也能来加班。那不仅仅是一份工作，而是一种生活方式。"

整个任务控制中心的工作人员都抱着这样的工作态度。如果有人说他要做某件事情，那他一定会做，而且绝不会拖延，也不会推卸责任或者走捷径。他们会努力工作，也会尽心尽责，而且言出必行。

格林·伦尼很早就加入了美国国家航空航天局，在水星计划、双子星计划和阿波罗计划中都扮演过重要角色。在太空竞赛时代最重要的几个历史性时刻，他都在任务控制中心工作，而且非常受人尊敬。伦尼认为，在为任务控制中心招聘人员时，候选人的态度和责任感至关重要：

"很多候选人的学业成绩非常好，但我更感兴趣的是他们的态度。我们要找的人必须真想把自己变成阿波罗计划的一分子，为了完成任务愿意付出一切。通常来说，我们选中的人并不是模范生，但他们都有正确的、完美的态度。有时候，即便他们的成绩不够好，但只要态度非常积极，我还是有可能录用他们的。每个人都对自己的工作充满了极大的热情，而且都想把自己的工作做好。"

对阿波罗项目的管理人员来说，不仅仅要招聘到正确的人，而且还要相信每个人都能把自己的工作做好，要把这种强烈的责任感传递给大家。伦尼亲眼看到了这种领导方式的强大力量：

"现在我们会谈论以身作则带来的领导力，会谈论靠魅力或恐吓去领导他人。但我们是靠尊重来领导大家的。管理人员会让每个人感觉到被信任，所以大家都有很强的忠诚度，每个人都会尽自己最大的努力把工作做到最好。当回望过去的时候，我才意识到，那才是最佳的领导方式。这种方式就像有魔力一样，我亲眼看见了它一次次在工作中发挥作用。"

在谈到任务控制中心的领导们时，飞行控制人员杰瑞·博斯蒂克也有同样的感触：

"我们真的不想把事情搞砸。领导们都很信任我们，我们不想让他们失望。你是在为克里斯·克拉夫特这样的当代传奇人物工作，当他给你分派工作时，你能感受到他对你是绝对信任的。克拉夫特会对你说：'这是我想让你做的工作，而且我希望你在三个星期内做完。如果你需要任何帮助，给我打电话。否则的话，我会在三个星期后来找你要结果。'这就是绝对的信任。等你走出他的办公室时，你就会想：'我不能让这个人失望。'"

杰伊·霍尼克特是阿波罗计划的一名工程师，他的工作跟任务控制中心关系比较密切。霍尼克特的一番话为我们揭示了强烈的责任感是如何一层层往下传递的：

"加入阿波罗项目时我才 27 岁。克里斯·克拉夫特招了一批跟我年纪差不多的人，然后把很多责任都压在了他们肩上。他传递给大家的信息是这样的：'这是你负责的事情，你最好不要听飞行主管的话。因为如果他们告诉你的是错的，而且你也的确做错了，我不会责怪他们，我会责怪你。这是你自己要负责任的一个点。'我认为克拉夫特是对的——要想帮助大家成长，就要赋予他们责任，而且要在他们职业生涯的早期就让他们担负起责任。"

"我很好奇甘特去哪儿了？"

针对"阿波罗"1号悲剧性大火的调查导致载人航天飞行被延后了一年半的时间。在此期间，阿波罗团队也发射过几次"土星"5号运载火箭，但都没有载人。除了偶尔出现的巨大震动和发动机故障外，这几次任务总体来说都还比较顺利。到了1968年底，工程师们认为他们已经解决了"阿波罗"1号大火引发的诸多问题，因此决定给阿波罗计划的首次载人飞行任务打开绿灯。任务的目的是把各种新技术带到太空中进行一次全面的检验，飞船会环绕地球飞行11天。由于此前已经进行过几次试验性发射，所以首次载人飞行任务被命名为"阿波罗"7号。

1968年10月11日，"阿波罗"7号的宇航员沃利·施艾拉、唐·埃斯利和沃尔特·坎宁安穿好了太空服，随后被送往"土星"5号运载火箭发射塔。他们搭乘电梯到了发射塔的顶层，随后穿过一个通道进入绝尘室。他们要在这里做最后的准备工作，然后在发射台主管甘特·温特的密切注视下进入指令舱。"阿波罗"1号发生大火的时候，温特还不是发射台主管。跟项目中的所有成员一样，三名宇航员的不幸离世也让温特感到极为震惊。"阿波罗"7 号飞行任务提上日程后，宇航员沃利·施艾拉坚持要让温特全权负责绝尘室。

确认宇航员们已在指令舱内安全就位后，温特与他们握手道别，然后关上了舱门。为了缓解紧张的气氛，埃斯利模仿德国口音说道："我很好奇甘特去哪儿了？"

1968 年 10 月 11 日，全世界最强劲的 5 台发动机开始点火，施艾拉、埃斯利和坎宁安感受到了它们的澎湃动力。发射现场传来震耳欲聋的轰鸣，为了吸收这股强大的噪声，同时防止火箭喷出的火焰损毁发射台，需要每分钟往发射台下喷射 90 万加仑的水（相当于 1.5 个奥运会标准游泳池的蓄水量）。

几分钟之内，这些发动机就能产生高达 750 万磅 [①] 的推力，巨大的"土星"5 号运载火箭开始离地升空。2 分钟后，火箭就能加速到大约 9600 千米 / 时。当"土星"5 号升到 60 千米的高空时，底层的燃料箱就已经空了，此时第一级火箭发动机关机分离，随后坠入大海。30 秒后，第二级火箭的 5 台发动机接着点火，把"土星"5 号运载火箭加速到约 2.4 万千米 / 时，同时送入约 176 千米的高空。9 分钟后，第二级火箭发送机的燃料耗尽，随后脱落坠向地面。最后，第三级火箭点火，把"土星"5 号的剩余部分继续加速到约 2.8 万千米 / 时。火箭发射升空后大约 11 分钟，施艾拉和他的同伴们进入了环绕地球运行的轨道。

"阿波罗"7 号被公认为有史以来时间最长也最雄心勃勃的一次试验飞行。

———————

① 英美制质量或重量单位，1 磅等于 16 盎司，合 0.4536 千克。

机组成员的日程被排得满满当当，他们不仅要测试无数的操作流程，而且还要做各种实验。此外，宇航员们还进行了人类首次太空电视直播。

在地面工作时，宇航员沃利·施艾拉是一个很欢乐的人，他坚信一句古老的格言："轻率是危机的润滑剂。"大家都知道他很有趣，也喜欢搞恶作剧，有人还送了他一个绰号：欢乐的沃利。不幸的是，在"阿波罗"7号飞船上，欢乐的沃利却乐不起来了。

"阿波罗"7号的太空舱设计有一个明确的目的，那就是在飞船发射失败、太空舱落入海里时确保宇航员们的人身安全。不过，这种设计也存在一个风险：如果太空舱没有落到海里，而是落到了陆地上，对宇航员们的保护就不是那么充分了。在火箭发射前的几小时，施艾拉对当时的风向和风力都有点儿担心，他在想推迟发射是不是更明智的选择。经过充分讨论后，团队决定火箭还是按计划发射，结果整个发射过程都非常顺利。不过，这个小小的插曲还是让施艾拉有些不安。不幸的是，麻烦才刚刚开始。

当任务进入第二天时，施艾拉患上了严重的感冒，而且很快就把疾病传给了埃斯利。更糟糕的是，由于处在失重状态，所以各种体液不会像在地球上那样往下流，结果施艾拉和埃斯利的耳朵和鼻子都被堵住了。感冒让施艾拉的脾气变得有些暴躁，再加上飞船里的伙食也不尽如人意，垃圾收集系统也臭烘烘的，结果导致他开始挑战来自任务控制中心的某些指令。

在宇航员们准备返回地球大气层时，双方的矛盾进一步激化。施艾拉坚持说在下降过程中自己不会戴头盔，因为他担心鼻子阻塞后会造成鼓膜破裂，所以他希望能够随时擤鼻涕。在跟任务控制中心进行了激烈的抗争后（休斯敦："那是你自己的脖子，我希望你不要把它给扭断了。"），宇航员在不戴头盔的情况下顺利重返大气层。飞行任务结束后不久，施艾拉还拿这次不幸的遭遇做起了文章，他出现在了几个电视广告中，代言了一种感冒药，他向观众们保证说，只要吃上一小粒，就能有效缓解打喷嚏和鼻塞等症状。

尽管宇航员感冒了，而且还跟任务控制人员产生了争吵，但"阿波罗"7号飞行任务还是取得了巨大的成功。火箭顺利按原计划发射，几乎所有的设备和操作流程都堪称完美。这是一项复杂而苛刻的任务，即便出现一点点纰漏，也会带来灾难性的后果。

阿波罗计划取得了巨大的成功，这是因为所有人员都能做到尽职尽责。他们有强烈的责任心，他们的态度可以概括为一个强大的准则："任务不会因为我而失败。"

登月备忘录
主题：欢乐的沃利

只要去翻翻任务档案，你很快就能找到沃利·施艾拉天性好玩的证据。

1965 年圣诞节前的几天，施艾拉和他的同事托马斯·斯塔福德共同搭乘"双子星座"6A 号飞船升空。在飞行过程中，施艾拉和斯塔福德对任务控制中心说他们刚刚看到了一个不明飞行物。

"我们看到一个物体，像是一颗从北往南飞的卫星，很可能位于极地轨道。它飞得很低，但爬升率很高……看样子很快又要进入大气层了。"

任务控制中心的工作人员开始疯狂地在屏幕上寻找这个神秘的飞行物，突然，他们的耳机中传来了熟悉的音乐声——《铃儿响叮当》。

原来，两名宇航员偷偷地把一个迷你口琴和几个铃铛带上了飞船，现在正欢快地演奏呢。任务控制中心的工作人员终于明白了，所谓不明飞行物其实就是个恶作剧，那一刻他们也都被逗乐了。

施艾拉和斯塔福德也因此成了最早在太空中演奏乐器的人，他们偷偷带上飞船的口琴和铃铛目前存放在史密森学会下属的美国国家航空航天博物馆里。

此外，施艾拉还接到过一个特殊的任务：把小便排到太空中。他注意到排出的尿液会瞬间结冰，变成一片呈喷射状的金黄色小圆球。施艾拉给这些小圆球拍了几张照片，回到地面后，他试图让天文学家们相信那些照片证明他发现了一个新的星座，他还给这个星座起了个名字——"Urion"（跟尿液的英文单词 Urine 谐音）。

拥有强烈的责任感并严肃对待手头的任务固然非常重要，但偶尔也要让自己放松一下。不过有一点要记住，大家都觉得好笑的玩笑才是好玩笑。研究表明，消极的玩笑（比如侮辱或讽刺）通常会造成分歧，而积极的玩笑有助于提升士气、缓解压力、营造乐观情绪、让大家更有凝聚力。"欢乐的沃利"搞的恶作剧把大家都逗乐了——我们也要向他学习，确保让大家都玩得开心。

养成良好的态度，提升自己的高度

"任务不会因为我而失败"这种态度的背后有一个心理根源，这种心理根源跟斯坦福大学心理学家刘易斯·特曼的开创性研究息息相关。

特曼生于 1877 年，他对天才这个概念极为痴迷，决定致力于研究到底是什么决定了一个人聪明与否。是先天因素重要，还是后天的培养更重要？博士毕业后（他的博士毕业论文题目是《天才和与愚蠢：7 个"聪明"孩子和 7 个"愚蠢"孩子的某些智力发展过程研究》），斯坦福大学给特曼提供了一个职位，让他得以开始一项研究，这项研究后来成为心理学史上时间跨度最大的研究项目之一。

20 世纪 20 年代，特曼从整个加利福尼亚挑出了 1000 多个非常聪明的孩子，并开始对他们的生活进行跟踪研究。每隔 5 年左右，特曼团队就会联系这些志愿者（他们被称为"特曼人"），请他们完成一系列的心理测试，描述自己过去 5 年的生活情况。

特曼取得了很多研究成果：他创造了"智商"（简称 IQ）这个词；他首创了一种研究方法，即在一段相对长的时间内对研究对象进行持续追踪（被称为"纵向研究"）；他极大地激发出了志愿者的忠诚度（20 世纪 40 年代早期，很多"特曼人"参加了第二次世界大战，但他们坚持在前线的掩体里完成了调查问卷）。随着时间的推移，特曼和他的继任者们积累了大量的数据，通过回顾这些数据，他们得以探究智商和成功之间的关系。在有些人看来，研究结果好像提供了令人信服的证据，足以表明聪明的人在生活中更容易取得成功。不管怎么说，很多高智商的"特曼人"长大后都拥有一份不错的收入，个别人甚至入选了《美国名人录》。不过，也有批评家马上指出，"特曼人"之所以更容易成功，至少在一定程度上是因为成为研究对象让他们变得更自信了。由于争论还在继续，研究人员对数据进行了深入挖掘，开始审视与成功相关的其他因素。很快，他们就有了惊人的发现。

在进行人格测验时，心理学家们倾向于聚焦五大特质：外向性（社交性）、开放性（创造性）、亲和性（友好）、神经质（情绪稳定性）和自觉性（自律）。当研究团队查看与成功相关的因素时，发现自觉性经常会排在第一名，这项特质在调查表上不仅打败了智力，也打败了其他的人格特质。

很快，自觉性就变成了热门话题，世界各地的研究人员围绕这个主题发表了100多篇学术论文。无论他们的着眼点在哪里，无论他们的研究对象是谁，得出的结论都是一致的，那就是：自觉性跟成功呈现正相关关系。自觉的人通常学习成绩更好，违法犯罪的可能性更低，更容易找到工作而且能够长期干下去，更有可能努力做到高层、享受更高的薪水，而且爱情更加甜蜜、婚姻更加幸福。事实上，就算只是跟自觉的人待在一起对你也有好处。

来自华盛顿大学圣路易斯分校的心理学家们花了5年时间研究伴侣的个性是如何影响一个人的收入的。研究结果同样表明，自觉性带来的影响是最大的——拥有一位自觉的伴侣通常意味着你的收入更高，在工作中能够获得更大的满足感，而且获得晋升的可能性也更大。

跟其他的个性特质一样，自觉性也体现在一系列的行为举止上，其中包括：遵守时间、按时完成任务、工作努力、不拖延、为人诚实正直。

自觉的人通常很有条理，所以能更好地备战考试、面试和分配给自己的任务。他们的生活习惯通常都很健康，不抽烟，不酗酒，不鲁莽驾车。不管做什么，他们都会做好，所以更有可能负责更大的项目和更重要的工作。他们言出必行，所以更有可能赢得他人的信任和尊重，并享受因此带来的好处。总之，你可以确定项目不会因为他们而失败。

告诉大家一个好消息，研究人员发现，任何人的自觉性都是能够被提升的，你要做的仅仅是：会会你内心深处的那个控制狂，远离拖延症，培养成功人士必备的 7 个习惯，记住一则关于充气学校的老笑话。

会会你内心深处的那个控制狂

从下表中的每一对陈述句中圈出你最认可的那句话。

第一列	第二列
生活中出现的很多消极事件都纯属偶然。	表面上的噩运事实上都是人们犯过的错误造成的。
不管我们如何努力，战争都是不可避免的，这是无法改变的事实。	如果人们更关注政治，就不会有那么多战争了。
生活中发生的事情通常都是命中注定的。	借助决策和行动，人们能够左右自己的生活。
伟大的领导者都是天生的。	凭借丰富的经验和辛勤的工作，人们可以成为成功的领导者。

考题通常无法预测，所以那么努力学习是不值得的。	如果你是一名学生，而且好好复习了，那么大部分考试都是公平的。
就找到一份好工作而言，在正确的时间出现在正确的地点才是最重要的。	只要辛勤工作，并充分利用机会，通常就能在职业上获得成功。

　　就在阿波罗项目进行期间，心理学家朱利安·罗特提出了"控制点"概念。一个人可以在多大程度上控制自己的生活？对此人们有不同的认知，在罗特看来，可以依据认可的不同对人进行分类。具体来说，罗特认为每个人都处在两个极端之间的某个位置。典型的外控者倾向于把自己的处境归因于外部因素（比如机遇、强大的政府、公司、管理层甚至是类人爬虫），而典型的内控者会认为生活是由自己的思维和行为决定的。

　　你刚才完成的调查问卷就是基于罗特的研究成果设计的。要想知道自己处于什么位置，看看你刚才圈选的句子就知道了。你从第一列和第二列各选了多少个句子？如果你选的六个句子全部来自第一列，那你就是非常典型的外控者；如果你选的六个句子全部来自第二列，那你就是非常典型的内控者。大部分人都处在这两个极端之间。

　　多年来，在全球各地的研究和实验中，有无数人做过这样的调查问卷。通常来说，外控者认为他们的努力改变不了任何事情，所以经常会感到绝望、无助。相反，内控者认为他们能够左右自己的生活，他们就是命运的主人。跟外控者相比，内控者通常生活得更开心、更健康，也更有可能获得成功。他们会为自己的行为负责，通过努力奋斗获得自己想要的东西，在面对失败时能够坚持下去，并最终实现自己的目标。

就成败而言，控制点理论也是适用的。我们都倾向于认为成功源于自己的辛勤努力和内在的智慧，而失败是因为运气不好或者是他人导致的。然而，高度自觉的人会为自己的行为承担一切责任，无论成败，所以通常会被认为更可靠，也更值得信任。

当然了，你不可能控制所有的事情。生活的某些方面的确是运气使然，也可能是由他人或者你的成长环境决定的。不过，就提升自觉性而言，最好还是会会你内心深处的那个控制狂，聚焦内在的力量，塑造自己的人生。

远离拖延症

> 明天通常是一周中最忙的一天。
>
> ——西班牙谚语

你知道这种感觉。新的一天开始了，你有一项重要的工作要做，但你突然发现自己的一天是这样度过的：查看电子邮件、看电视剧、跑出去买了一个新的记事本、煮了一杯咖啡、带狗出去遛弯儿、换楼下卫生间的灯泡、听播客、又带狗出去遛了个弯儿、做晚饭、跟朋友煲电话粥、补袜子、给嘎嘎吱吱响了几年的门涂润滑油、今天最后一次带狗出去遛弯儿，洗漱睡觉。

调查结果显示，大约 95% 的人都有拖延症（还有 5% 的人说他们明天提交调查问卷）。可是，你为什么要拖延呢？更重要的是，究竟如何才能摆脱拖延症呢？

自觉的人拥有避免拖延的惊人能力，有几个小技巧能够帮你摆脱拖延症，让你马上行动起来。

想想未来

《辛普森一家》中有这样一段剧情：玛吉对她丈夫霍默说，总有一天他们的孩子会搬出去住，到时候他就会后悔没有花更多的时间跟孩子们待在一起了。霍默给自己倒了一杯酒，他说那是"未来的霍默"的问题，还说他可不羡慕那个家伙。

大部分人的想法都跟霍默一样，他们更喜欢活在当下，不愿细想自己的行为可能带来什么样的长期影响。他们又享用了一块巧克力蛋糕，根本没想长此以往他们的体重就会增加；他们又点了一支烟，根本没想吸烟有害健康。这种"及时行乐"的思维也会造成拖延，比如说，拖延者会选择先出去度过一个愉快的夜晚，而不是按时提交报税单；会选择先玩一会儿电脑游戏，而不是把时间花在那个重要的项目上。

不过也有个好消息，研究表明，只要花几分钟时间去想想更长远的未来，就能对一个人的行为产生巨大的影响。几年前，心理学家赫尔·赫什菲尔德招募了一群年轻的志愿者，让他们到一个虚拟现实实验室里面去照镜子。其中一部分志愿者看到的是自己现在的样子，研究人员鼓励他们关注当下。相反，另外一些志愿者看到的是自己老了以后的样子，那是电脑合成的图片，研究人员鼓励他们去想象未来。随后，研究人员给了每名志愿者 1000 美元，允许他们把钱存在一个长期储蓄账户里。结果发现，那些看过老年自己的志愿者往账户里存的钱远远超过其他志愿者。

想象未来有助于你摆脱拖延症。比如说，为了避免拖延，你可以想象一下：如果不尽早开始手头的项目，一旦截止日期临近，你肯定要承受更大的压力；如果不尽早健康饮食，你的体重肯定会增加，而且还有可能生病；如果不尽早回复积压的邮件，你可能会失去升职的机会；如果不尽早完成报告，就意味着其他人要付出更多的努力，你会因此给他们留下不好的印象。

好好想想：如果你现在不行动起来，将来会出现哪些问题。

每次只砌一块砖

阿波罗项目的飞行控制人员杰瑞·博斯蒂克曾经分享过一个简单又强大的效率提升方法："不能因为你没有时间做完所有的事情就什么都不做。"这个方法也可以用来对付拖延症。人们通常会被眼前的艰巨任务吓倒，结果变得六神无主，干脆什么也不做了。

要想解决这种问题，可以向建筑工人学习：每次只砌一块砖。如果你的目标是把体重减轻 10 斤，实现起来就会感觉很困难，所以很可能就把这事儿给搁置了。然而，如果你设定的目标是每个月减轻 1 斤，行动起来就容易多了。同样的道理，如果你希望创业能一举成功，在起步时就会变得缩手缩脚。不过，如果你的目标是每个星期先拿出一天的时间思考你的创业项目，看起来就非常可控了。重要的是先行动起来，只要开始了，坚持下去就容易多了。我们再把建筑工人的类比延伸一下，把自己视为一个非常勤奋的建筑工人，一个愿意全天候工作的建筑工人。晴天也好，下雨也罢，你都要工作。不管心情如何，你都必须打好地基，搅拌水泥，然后开始砌墙。不要认为只有在心情舒畅、状态良好的时候才能开始工作。相反，忽略你的感觉，动手去做就好了。

做一个优秀的建筑工人——每次只砌一块砖，并且全天候工作。

巧妙地设定最后期限

设定最后期限其实很有讲究。几年前，美国佛罗里达大学的涂延平（音译）教授研究发现，人们倾向于按日、周、月、年的逻辑来区分最后期限。在一项研究中，志愿者们被要求开一个银行账户，只要在6个月内开通就能获得奖励。第一组志愿者是在6月得到的通知，给他们的最后期限是12月底。第二组志愿者是在7月得到的通知，给他们的最后期限是第二年的1月底。结果显示，第一组志愿者完成任务的比例远远高于第二组。为什么？这是因为当任务的最后期限跨越到第二年时，志愿者们会觉得时间还很充足，因此会把去开通账户的时间一再推后。同样的道理，在另一项研究中，研究人员在周一时给第一组志愿者下达了一项任务，要求他们在周五之前完成；然后在周四时给第二组志愿者下达了同样的任务，要求他们在下周一之前完成。结果第二组志愿者出现拖延的比例远远高于第一组。

在设定最后期限时，尽量避免延伸到下一周、下个月或者明年。此外，在考虑最后期限时，把关注的焦点放在必须在几天之内完成任务上。涂教授的其他研究还表明，下面的这个方法很有帮助：把最后期限标记在日历上，把从今天到最后一天之间的日期全部涂上一种颜色，然后数数要在多少天之内完成任务。

最后，设定最后期限时要尽量具体。不要告诉对方说你希望他在本周之内提交报告，而要告诉他必须在周五下午 3 点之前把报告放到桌上。

要让设定的最后期限给人迫在眉睫的感觉。

登月备忘录
主题：拖延

任务控制中心的工作人员把自己跟外界隔离了，他们全身心扑到了登月这项工作上。你也可以学习他们的做法，把周围的干扰降到最小。关闭电子邮箱、手机和社交媒体，避免在靠近电视或床的地方工作。

真正成功人士的 7 个习惯

多年以来，心理学家们已经总结出高度自觉人士的一些习惯。你可以把这些习惯融入自己的生活中，然后看看会发生什么。

习惯 1：把所有事情理得井井有条

自觉的人很有条理。在家时，他们起床后会把被褥叠好，吃过饭后会马上洗碗，然后把垃圾扔掉。在工作中，他们会保持桌面整洁，文件归档。此外，他们会做好一天的规划，通过列出清单和不时查看日历记住重要的信息和日期。

★ 做事要有条理。在工作场所，要把所有文件整理归档，把钢笔和铅笔放在标有"钢笔和铅笔"字样的抽屉里，喝完咖啡后记得把杯子洗干净。每天早晨花 5 分钟的时间做好一天的规划，每天下班时把桌面清理干净。此外，养成记下重要信息的好习惯。亿万富翁理查德·布兰森总随身带着一个笔记本，脱口秀主持人奥普拉·温弗瑞一直坚持手写日记，著名导演乔治·卢卡斯经常会把自己的想法随手记到小本子上。

习惯 2：只给自己一半的时间

英国历史学家和作家西里尔·诺斯古德·帕金森曾表示：工作会自动占满一个人所有可用的时间。这就是后来广为人知的"帕金森定律"，经过很多次验证都屡试不爽。自觉的人很清楚，缩短最后期限能够激发出自己的创意，从而找到更快完成工作的办法，避免浪费时间。

★ 确认一项工作应该花多长时间完成，然后只给自己一半的时间。如果你打算打一小时的电话，那就缩短为 30 分钟。如果你计划用 3 天完成一份书面任务，不妨力争在两天之内写完。即便未能提前把所有任务完成，你很可能也已经完成了大部分的工作，接下来就有更充足的时间去对付更棘手的问题了。

习惯 3：提前 10 分钟到达

自觉的人都是守时的人。他们不会错过会议，不会在最后 1 分钟取消会议或者迟到。他们通常都会戴手表，而戴手表的人更有可能准时出现。此外，他们对时间的感知更为精准，很清楚到达某个地方需要多长时间。几年前，美国圣地亚哥州立大学的心理学家杰夫·康特研究了两组志愿者对时间的感知方式。第一组志愿者都是比较守时的人，而第二组志愿者经常会迟到。他让所有志愿者估计 1 分钟是多久。结果守时组估计的时间非常接近 60 秒，但迟到组估计的时间平均都快到 80 秒了。最后，自觉的人都知道：人算不如天算，即便做了最佳的规划，也可能会出现意外，所以一定要给自己多留出一些时间应对突发状况，比如公交车未能按点到达或者路上突然堵车了。

★ 实事求是地算好到达某个地方需要多久，同时给自己留出富余时间应对突发状况，戴上手表，让自己提前到达。任务控制中心的工作人员过去常说："如果你没能提前 10 分钟到达会场，那你就迟到了。"

习惯 4：吃掉青蛙

马克·吐温曾经说过："如果你的工作是吃掉一只青蛙，那最好早上醒来做的第一件事情就是把青蛙吃掉。如果你的任务是吃掉两只青蛙，那最好先吃掉那只个头大的。"自觉的人更有可能遵循马克·吐温的建议。马克·吐温描述的其实是一种提高工作效率的方式。如果有一件事情是你不想做的，那就把它列为早晨醒来后要做的第一件事情，因为做完之后你会更加精力充沛，而且这还能带给你巨大的成就感和满满的动力，让你轻松应对一天之中的其他工作。

★ 让新的一天从面对最艰难的任务开始。

习惯 5：不要过度承诺

为什么自觉的人总能信守承诺呢？其中一个最重要的原因就是他们不会过度承诺。2008 年，普林斯顿大学的艾米莉·普罗宁教授做了一个实验，她把酱油和番茄酱混合在一起，然后把这种味道可怕的混合物递到了两组志愿者面前。艾米莉给第一组志愿者提出的问题是：你们觉得当场能喝掉多少这种饮料？她给第二组志愿者提出的问题则是：你们觉得在接下来的两周时间里能喝掉多少这种饮料？结果显示，"当场"组的志愿者们只愿意喝两汤匙，但"两周"组的志愿者们表示可以喝掉半杯。其实，这种情况在我们的生活中也很常见。我们总觉得未来会有很多的时间和精力，结果揽下的任务常常超出我们的承受能力。

★ 当有人让你对未来需要完成的事情做出承诺时，要向自觉的人学习，先问问自己："我是不是明天就想做这件事情？"如果你的答案是否定的，那就想办法礼貌地拒绝对方的要求。

习惯6：按下暂停键

如果无法克服即时得到满足的欲望，结果可能会比较糟糕，你会因此养成坏习惯、陷入财务困境、出现健康问题、工作效率下降、变得非常懒惰。自觉的人都能够很好地抵制诱惑。就金钱而言，他们不会冲动购物，不会刷爆自己的信用卡，也不会忘记支付账单。同样的道理，就健康饮食而言，他们不会屈服于诱惑，所以能让自己远离甜食和巧克力。由于拥有很强的自制力，他们能够很容易地将问题扼杀在摇篮之中。比如说，就个人财务而言，他们不会购买自己不想要或者不需要的东西；他们会按时支付账单，避免产生滞纳金或影响自己的信用评级。同样的道理，他们会避开含糖的零食，这意味着他们不太可能体重超标，也不太可能出现各种健康问题。

★ 克服即时得到满足的欲望往往意味着要抽出一定的时间来。当你迫切地想要采取行动时，按下暂停键。在冲动时刻和行动时刻之间留出一定的空余时间。比如说，当你想要冲动购物时，问问自己：我是真的想买吗？即便你的回答是肯定的，也要转身走开，先去喝一杯咖啡，再好好想想。同样的道理，当你伸手去拿不健康的零食时，也要先花点儿时间想一想。问问自己：这是不是最佳的前进路径？按下暂停键能给自己一个机会，让自己做出更明智的选择。

习惯 7：公平

几年前，南佛罗里达大学的研究人员要求一群理工科的学生完成一项人格测验，并报告他们在实验室里工作了多长时间。在完成调查问卷之前，学生们被告知，在实验室里工作能得到奖励（学分），而且工作的时间越长奖励就越多。随后研究人员偷偷记下了学生们在实验室里工作的实际时长。结果发现，那些自觉的学生远比其他学生诚实多了。这种诚信意识可以延伸到生活的方方面面。自觉的人不太可能在考勤上作弊、偷拿办公室的物品、说谎、在游戏和运动中打破规则、乱扔垃圾、借了东西不还或者未经同意擅自使用他人的物品。他们有强烈的公平意识，如果自己犯错了一定会道歉，而且尊重他人。

★ 自觉的人都很诚实，所以能够赢得周围人的信任与尊重。做一个诚实可靠的人。不要盘剥他人，也不要多拿多占。

充气学校

有一则老笑话是这样的："当充气学生拿着一根针在充气学校里制造混乱时，充气老师是怎么对他说的？你让我失望（漏气）了，你也让学校失望（漏气）了，更重要的是，你让自己也失望（漏气）了。"

不让别人失望有助于提升自己的自觉性。克里斯·克拉夫特的领导风格向任务控制中心的所有工作人员灌输了一个理念："任务不会因为我而失败。"这种态度至关重要。克拉夫特给了大家一份工作，让他们放手去做。大家都对他心存敬意，所以每个人都在努力工作，都想证明自己是值得信任的。

★ 找到你自己的克里斯·克拉夫特。你在生活中崇拜的人是谁？可能是你的父母，也可能是某个老板、同事或朋友。现在设想一下，你做的所有事情都是为了给他留下一个好印象。想想如何才能不让他失望，确保尽自己最大的努力把工作做好。

★ 如果你想激励他人，那就尝试采用克拉夫特的做法。让他们为荣誉而战，让他们强烈地感受到不应该让你失望。正如伟大的德国作家和哲学家约翰·沃尔夫冈·冯·歌德所言："如果你以一个人现在的样子对待他，他就还是现在这个样子。但如果你以他应该成为和能够成为的样子对待他，他就会变成那个样子。"

小结

如果你想通过端正自己的态度提升自己的高度，那就记住阿波罗准则："任务不会因为我而失败。"

★ 让自己成为内控者，聚焦内心深处的力量，塑造自己的人生。

★ 打败拖延症：放眼未来、每次只砌一块砖、巧妙地为自己设定最后期限。

★ 学习高度自觉人士的7个习惯，比如，吃掉青蛙，总是提前10分钟到达，给自己提出那个具有魔力的问题："我是不是明天就想做这件事情？"

★ 想出一个你崇拜的人，设想是他把工作交给了你，而且相信你能做好。不要让他失望。

登月备忘录
主题：敬业

下面的这个小故事足以说明任务控制中心的工作人员有多么敬业。

飞行控制人员约翰·卢埃林身材非常魁梧。有一次，他在开车前往任务控制中心时车子打滑了，结果冲下道路撞到了铁丝网上。卢埃林发现根本无法把车子从泥泞中倒出来，于是在黑暗中冒雨走了好几英里赶到了任务控制中心。

还有一次，他发现马上要错过换班时间了，可他还没找到停车位，于是驾车冲上台阶，直接把车停到了大厅的门口。结果他的驾照被扣了。

不过这可没吓倒他。几天后，他骑着马来上班了，还把自己的马拴在了任务控制中心的停车场里。

一旦决定了要做一件事情，那就要全身心投入，把它做好。

第 **6** 章

"如果你要去月球，
那你迟早都得去月球。"

探索未知世界的第一次载人登月任务。

如何才能找到停止空谈、开始行动的勇气？

1968 年下半年，苏联宣布在太空竞赛中又取得了一次重大胜利。他们发射的"探测器"5 号宇宙飞船成功完成绕月飞行任务并安全返回地球。在这艘名字故弄玄虚的飞船上携带了两只乌龟、一群酒蝇和几只米虫。苏联人还在飞船里放了一台磁带播放机，用来播放宇航员的讲话录音。不出所料，美国人听到了这段录音，至少有那么几分钟，美国人以为他们的宿敌已经成功把人类送上了月球。

"探测器"5 号返回地球后，苏联的科学家们发现，飞船里的动物们都存活下来了，唯一的不良反应来自那两只乌龟，它们的体重减轻了 10% 左右。看起来，美国又一次落后了。更糟糕的是，美国中情局截获的密电显示，苏联正准备在 1968 年结束之前把人类送上月球。

坏消息接踵而至。按照最初的设计，美国的下一次太空任务——也就是"阿波罗"8 号——是在环绕地球的轨道上测试登月舱。然而，检查结果显示登月舱还有些问题，至少要到 1969 年 2 月才能正常运行。"探测器"5 号的成功让美国太空计划的高层有些惊慌失措了，登月舱造成的延误也让他们颇为担心，结果他们冒出了一个大胆的想法，准备在发射计划上做一个灵活变通。他们在想："阿波罗" 8 号能否不仅仅环绕地球飞行，而是把宇航员们送入月球轨道，完成第一次载人绕月飞行呢？

面对恐惧和不确定性

高层找到了阿波罗计划的工程师和科学家们，问他们能否在几个月内为这个野心勃勃的新任务做好准备。这么做的风险显而易见。如果飞船的轨迹出现了偏移，哪怕是最轻微的偏移，都可能把宇航员们送上一条不归路，他们要么飘向深空，要么撞向月球。此外，宇航员们还要绕到月球的背面，并因此跟任务控制中心失去联系。按照设计，在这段时间内，他们必须小心翼翼地手动操控飞船，让它进入环绕月球的轨道。哪怕他们犯了一个极小的错误，结果都可能是致命的。但正如飞行控制主管格林·伦尼所言，当听说要变更计划时，他的感觉竟然是：嘿，为什么不呢？

"当我搞清楚他们想干什么时，我的第一反应是：'等等，我们还不能那么做。'随后，我又想了一两分钟：'事实上，这个想法真棒啊，我怎么就没想到呢？'很多人的反应都是这样的。我们已经为这次任务准备了很多年，原本就打算稍后启动的。几个月后我们会变得更聪明吗？不会。设备会变得更先进吗？可能也不会。我们很清楚会面临什么样的风险，而且早晚都得去冒这些风险。那么，我们还等什么呢？"

在一次会议上，伦尼用一句简短有力的话概括了自己的想法："如果你要去月球，那你迟早都得去月球。"虽然这是一次激进的调整，但任务控制中心同意了。被选中执飞这次任务的三名宇航员分别是弗兰克·博尔曼、吉姆·洛弗尔和威廉·安德斯。这次任务存在很多不确定性，能否成功还不得而知。后来，博尔曼的妻子苏珊让克里斯·克拉夫特估测一下她丈夫活着回来的可能性到底有多大。经过短暂的沉默后，克拉夫特回答说："一半一半。"

任务启动后，所有人都开始为"阿波罗"8号的历史性飞行做准备。阿波罗项目的每一次飞行都会耗费大量资金。把一枚"土星"5号运载火箭发射升空的成本估计是1.85亿美元（相当于现在的11.6亿美元），其中仅火箭的成本大约就是1.1亿美元。1968年9月底，"阿波罗"8号要使用的"土星"5号运载火箭装配完毕，两周后火箭被运到了发射台。经过广泛测试后，发射时间被确定为12月21日。

在发射升空前一天，著名飞行员查尔斯·林德伯格与"阿波罗"8号的宇航员们共进了午餐。1927年，林德伯格完成了史上第一次横跨大西洋的单人不着陆飞行，一跃成为国际明星。这趟从纽约到巴黎的飞行距离长达约5800千米，持续了约33小时。仅仅41年后，"阿波罗"8号的宇航员们就要飞越38万多千米进入环绕月球的轨道，而且还要安全返回地球。在离开之前，林德伯格做了一次计算，结果发现"土星"5号运载火箭点火后一秒内消耗的燃料就已经是他横跨大西洋的整个航程所消耗燃料的近10倍了。

发射当天，数十万人聚集在卡纳维拉尔角，等着观看"土星"5号巨型火箭再次从肯尼迪航天中心发射升空。就在几英里外，博尔曼和他的队友们走进了绝尘室，做完最后的准备工作后，他们爬进了指令舱。一向体贴周到的甘特·温特在指令舱的每个座椅上都挂了一个小件的圣诞装饰品。仔细地帮宇航员们把安全带系紧后，温特关闭了指令舱的舱门。终于，"阿波罗"8号做好了发射的准备。"土星"5号运载火箭每一级的表现都堪称完美，很快宇航员们就进入了环绕地球运行的轨道。3小时后，宇航员们给发动机点火，飞船被加速到每小时3.8万千米，开始了人类飞向月球的第一次旅程。

宇航员们有很多事情要做。"阿波罗"8号的导航系统主要依靠的还是星图、一台望远镜和一个六分仪，跟哥伦布前往美洲时用的导航设备是同一种类型。宇航员们要不时借助这种古老的技术来确保飞船的航向。此外，宇航员们每小时都要把飞船旋转一圈，以防止外侧的面板被太阳过度加热（这种模式被称为被动热控制，但团队的大部分人都会把它称为"烧烤模式"）。

不幸的是，宇航员们还要对付他们自己的大小便和呕吐物。在飞行期间，博尔曼患上了严重的太空适应综合征，结果造成飞船里到处都是他的呕吐物和排泄物。为了把这些小液滴的影响降到最低，宇航员们被迫用纸巾来捕捉它们。

还有一个负面影响是："阿波罗"8号上的伙食可不怎么样。宇航员们的食物都是被冻住的，然后被放到真空室里去除水分。如果宇航员们饿了，他们要先用水枪把热水或冷水注入食品包，然后才能把食物送到自己嘴里。

一切进展竟然出奇地顺利：在随后的3天里，虽然真空包装食品、烧烤模式和飘浮的排泄物一直伴随着宇航员们，但"阿波罗"8号已经快速向月球飞去了。

"蛋挞已在烤箱里，350 华氏度。"
如何保持冷静、继续前进

为了进入环绕月球的轨道，宇航员们必须进行一项特别危险、特别精准的操作。依据流程，他们必须首先让飞船旋转，然后启动发动机系统，产生一个反向的推力。这样设计的目的是把飞船的速度降下来，以确保飞船能够被月球引力捕获。如果发动机系统由于某种故障未能点火，宇航员们会按照预先设定的轨迹返回地球，从而跟月球失之交臂。如果发动机燃烧时间过长，飞船可能会迅速坠向月球表面，让三名宇航员无意间成为首次出现在月球上的人类。更糟糕的是，这个要求苛刻的操作流程要在飞船消失在月球背面时完成，这段时间内宇航员们与任务控制中心处于完全失联状态。

大约在失联前 3 分钟，任务控制中心给宇航员们发送了一则跟蛋挞有关的神秘讯息。这个奇怪的讯息源于"阿波罗"8 号的指令长弗兰克·博尔曼和他的妻子苏珊。弗兰克曾在军中服役，担任试飞员。当苏珊意识到丈夫的工作面临危险时，她想到了这么一句话："蛋挞已在烤箱里，350 华氏度。"她想用一种轻松的方式告诉丈夫她很想他，而且她会照顾好他们的家人。任务控制中心的一些工作人员知道他们夫妻俩的这个暗语，所以，就在"阿波罗"8 号消失在月球背面前的 3 分钟，任务控制中心给博尔曼发送了这条讯息：

"蛋挞已在烤箱里，350 华氏度。完毕。"

这是一个很有爱的想法，也是一个很动人的姿态。不幸的是，此时的通话质量非常一般，而且静电噪声很大，结果博尔曼根本就没听清这句话。过了一会儿，博尔曼回答说："没听明白。"好吧。

距离失联就剩几秒了，任务控制中心祝愿宇航员们一路平安。洛弗尔乐观地回答说："我们在另一边见。"片刻之后，"阿波罗"8号消失在了月球背面。

现在，宇航员们必须手动操作，让飞船进入环绕月球的轨道。他们几乎没有犯错的余地。在最理想的情况下，他们要让飞船旋转180度，然后在一个非常精确的时间让发动机点火，而且要精确控制发送机的燃烧时间。如果一切都按计划进行，"阿波罗"8号从电脑屏幕上消失大约32分钟后，任务控制中心和飞船之间的通信就能恢复了。

任务控制中心陷入一片沉寂。所有人都知道，如果飞船没有重新出现在屏幕上，他们根本没有办法知道到底发生了什么。如果真是那样的话，再派一组宇航员去执行同样的任务就太莽撞了，整个阿波罗计划也很可能因此终止。除了等待，大家什么也做不了。意识到这一点后，飞行控制主管格林·伦尼告诉大家说：正好趁这个机会好好休息一下。于是有人出去抽烟了，有人开始嚼口香糖，也有人给自己倒了一杯咖啡。

收获勇敢的果实

发动机的燃烧时间完全符合预期，宇航员们后来回忆说，这是他们生命中最漫长的4分钟。"阿波罗"8号顺利进入绕月轨道，博尔曼、洛弗尔和安德斯成为亲眼看到月球背面的第一批人。不久后，正如预期的那样，"阿波罗"8号再次出现在任务控制中心的屏幕上，跟地球恢复了联系。工作人员们开始欢呼、鼓掌、彼此祝贺。这个好消息迅速通过广播传给了所有守望的人们，数百万人加入了庆祝的行列。在英国，著名天文学家伯纳德·洛弗尔将这一刻描述为"人类历史上最具有历史意义的时刻之一"。

在距离月球表面仅 100 多千米的轨道上，宇航员们能够近距离地观察这颗星球。透过飞船上小小的舷窗俯瞰月球，呈现在眼前的景象让宇航员们惊叹不已。一望无际的尘埃布满月球表面，博尔曼后来将其描述为"一片广袤、孤独、令人望而生畏的空无区域"。在随后的 20 小时里，三名宇航员不停地进行绕月飞行，拍摄照片，评估后续任务可能使用的登月着陆点，命名环形山。吉姆·洛弗尔还很贴心地用妻子的名字命名了一座环形山——"玛丽琳山"。

在绕月飞行的过程中，三名宇航员亲眼看到了地球从月球表面缓缓升起，这是人类第一次看到"地出"。激动不已的宇航员们（安德斯："噢，我的天哪！快看那边的景色！是地球正在升起。哇，太美了！"）赶紧拿出相机，拍下了这一无比壮观的景象。2016 年，《时代》周刊评选 20 世纪最具影响力和最有诗意的照片，"地出"照片成功入选。

1968 年的平安夜，"阿波罗"8 号正在进行第 9 次绕月飞行，三名宇航员在月球轨道中向地球做了电视直播。数百万观众守候在电视机前，每名宇航员都朗读了《创世记》中的一段话（"起初，上帝创造了天和地……"），在直播结束之际，博尔曼祝愿地球上的人们圣诞快乐。读一段话的创意来自美国国家航空航天局一名公共事务官员的妻子，要朗读的文字提前打印在了防火纸上，塞到了机组任务笔记的背面。这次直播取得了空前的效果，这一激动人心的时刻后来还为宇航员们带来了一座艾美奖奖杯。任务控制中心的很多工作人员都是有信仰的人，朗读《圣经》中的一段话对他们来说意义重大。坐在前面的杰瑞·博斯蒂克静静地做了祷告，感谢上帝让他参与了这项具有历史意义的伟大事业。

在圣诞节这一天，地球上的人们难得有机会睡个午觉，但此时，"阿波罗"8号的宇航员们正在为另一项高度危险的任务做准备。为了返回地球，宇航员们必须再次点燃发动机。如果发动机系统启动失败，他们就会被困在月球轨道上，永无休止地绕着月球旋转，即便去世后也是如此。同样的道理，如果发动机燃烧的时间过长或者未能精准地按照既定的计划进行，"阿波罗"8号就会偏离轨道，飘向深空。这个棘手的任务同样要在月球背面完成，宇航员们此时跟任务控制中心同样处于失联状态。

查尔斯·戴特瑞克那天就在任务控制中心。跟他的很多同事一样，戴特瑞克也来自一个普通家庭。他出生在宾夕法尼亚州的一个小镇上，父亲是一名机械工程师，母亲在一所乡村学校任教。高中毕业时，戴特瑞克拿到奖学金，得以进入大学学习物理专业，他还发射过几枚自制的火箭，最后在美国国家航空航天局的载人航天中心谋到一个职位。在"阿波罗"8号任务中，戴特瑞克的工作是帮助确保宇航员们能够安全返回地球。那段时光给他留下了深刻的印象：

"当时有大量的工作要做。任务控制中心位于一楼，里面有几台大型计算机。当我们希望宇宙飞船进入某个特定的轨道时，我们会发送请求，随后计算机会给出我们所需的数据。在任务开始之前，我们就掌握了大量信息，所以我们能够告诉宇航员们发动机应该燃烧多长时间以及应该在什么时候启动发动机，我们还会告诉他们，通过望远镜观察哪些星星就能知道飞船的前进方向是否正确。我还记得在'阿波罗'8号任务之前跟弗兰克·博尔曼碰面的情形，我用他的剃须泡沫分配器给他介绍了飞船重返大气层时应处的位置！"

1968 年的圣诞节，"阿波罗" 8 号消失在了月球背面，宇航员们要按照既定的计划给发动机点火，唯有如此他们才能返回地球。在任务控制中心，戴特瑞克和他的同事们等待着，他们想要知道自己的计算结果是否精确。跟 "阿波罗" 8 号失联大约 40 分钟后，任务控制中心开始尝试跟宇航员们重新取得联系。他们的第一次呼叫换来的只是冰冷的沉默。然后突然之间，控制台上的灯就亮了起来，飞船重新出现在了屏幕上。发动机点火燃烧的时间跟此前计划的分毫不差，"阿波罗" 8 号踏上了返回地球的旅程。在洛弗尔看来，回家的轨道就是很棒的圣诞节礼物，他跟任务控制中心分享了自己心中的喜悦："请知悉，圣诞老人的确存在。"

几小时后，宇航员们打开了盛放食品的柜子，他们惊喜地发现里面有一个系着红绿丝带的包裹。打开以后，里面是恒温的火鸡肉、脱水的蔓越莓苹果酱和三小瓶白兰地。博尔曼要求他的队员们不要饮用白兰地，"阿波罗" 8 号任务结束很多年后，这三小瓶白兰地都还没有打开过。

登月备忘录
主题："整个团队最了不起的一点就是我们每个人都很不起眼！"

阿波罗计划中一些最重要的历史性时刻都是有语音记录的，只要听听这些录音，你就很可能听到道格·沃德的声音。道格·沃德被称为 "阿波罗之音"，他会在任务控制中心做现场直播，沉着冷静地把发生在自己眼皮底下的戏剧性事件公之于众。这么多年过去了，沃德还清晰地记得他在任务控制中心工作时的情形：

"我总是穿过载人航天中心的院子进入任务控制中心，得克萨斯的阳光非常刺眼，休斯敦的湿气也令人难以忍受。为了确保大型 IBM 计算机能够正常工作，任务控制中心内部安装了暖气和空调系统，所以室内的温度始终都比较凉爽，湿度也比较低。不过，室内的灯光并不是特别亮，这是为了让控制台和计算机显示器上的信息看起来更加清晰。有人评论说任务控制中心充满了比萨、咖啡和香烟的味道，不过更打动我的是那种宁静感和无比凉爽的黑暗环境。"

沃德认为"阿波罗"8 号是整个阿波罗计划中最重要的一次任务。当宇航员们在月球背面为返程任务做准备时，沃德为公众做了实况解说：

"发动机点火燃烧发生在月球背面，其间他们跟地面的无线电通信会暂时中断。如果一切进展顺利，他们就能提早几秒跟地面恢复联系，如果发动机未能按原计划点火和燃烧，恢复通信的时间就会延后几秒。我们都在等着，迫切地想要知道宇航员们是否能够安全回家。我就坐在克里斯·克拉夫特旁边，他是一个头脑非常冷静的人，但我能够感受到当时他的神经绷得很紧。有两个时钟为重新获取来自飞船的信号进行倒计时，其中一个预示着燃烧完全按照原计划进行，另一个则预示着发动机未能按照原计划点火和燃烧，也就是说，任务失败了。"

沃德（1968 年 12 月 25 日）："现在距离重新获取信号的时间已不足 30 秒。我们正在等待'阿波罗'8 号的宇航员们从月球背面重新出现，等待通信

恢复后他们说出的第一句话。"

"第一个时钟倒计时结束后，任务控制中心开始不停地给宇航员们发送信号……但没有得到任何回应……然后我们突然就收到了来自飞船的数据。"

沃德（1968年12月25日）："这里的飞行控制人员中发出了一些欢呼声。我们很快就能听到来自机组的消息了。"

"紧接着我们就听到了吉姆·洛弗尔的声音：'请知悉，圣诞老人的确存在。'所有人都如释重负，特别是克拉夫特。"

跟任务控制中心的很多人一样，沃德也来自一个普通的家庭，也对他的工作充满热情：

"我父亲是一家五金店的经理，我母亲是家庭主妇。我喜欢广播，高中时我就在当地的广播电台做音乐节目主持人了！现在回想起来，我觉得整个团队最了不起的一点就是我们每个人都很不起眼！"

在靠近地球时，"阿波罗"8号抛弃了此前为宇航员们提供食物、水和燃料的服务舱。它已经完成了这次任务中的使命。当宇航员们重新进入大气层时，飞船的速度达到了惊人的40000千米/时。此时返回舱已变成一个熊熊燃烧的火球，表面温度高达5000华氏度左右。万幸的是，返回舱隔热罩的效果堪称完美。1968年12月27日，"阿波罗"8号在太平洋中部成功溅落。

对美国来说，这是艰难的一年。越共和北越士兵发动的"春节攻势"让美军的信心受到了沉重打击。马丁·路德·金和罗伯特·肯尼迪都在这一年遇刺身亡。政治动荡席卷了美国的大部分地区。在苦难、痛苦和自省笼罩的大背景下，很多人把"阿波罗"8号任务的成功视为希望的灯塔。《时代》周刊宣布弗兰克·博尔曼、吉斯·洛弗尔和威廉·安德斯被评为"年度人物"，三名宇航员收到了成千上万的支持者寄来的信件和发来的电报。其中最具有象征意义的一封电报是发给博尔曼的。电报没有署名，电文的内容是："谢谢你，'阿波罗'8 号。你拯救了 1968 年。"

这是人类第一次在太空中飞行数十万千米，也是人类第一次亲眼看到月球的背面。"阿波罗"8 号任务需要拟定大量计划，也需要很大的勇气。但正如格林·伦尼当时所言："如果你要去月球，那你迟早都得去月球。"

鼓足勇气，停止空谈，开始行动

无论你能做什么，或者梦想能做什么，着手开始吧。

大胆就是天赋、能量和魔力的代名词。现在就开始吧。

——歌德

发射"阿波罗"8 号是一个勇敢的决定。这次任务显然要冒很大的风险，而且留给阿波罗团队的准备时间相对有限。然而，任务控制中心意识到，是时候停止空谈、开始行动了。事实证明这次冒险是值得的，任务取得了巨大的成功。

你可能不需要决定是否发射一艘飞向月球的宇宙飞船，但很多时候也必须做出一些可怕的决定。或许你正想结束一段并不愉快的关系，但又怕因此变成孤家寡人；或许你正想辞掉一份乏味的工作然后开始为自己工作，但又担心将来可能没有稳定的收入来源；或许你很想写一部小说，但又担心人们可能不喜欢你的作品；或许你正想在工作中启动一个新的项目，但又担心项目会以失败告终。

在过去的 50 多年里，心理学家一直在研究人们是如何应对这些艰难的决定的，结果他们发现，人们的反应总体而言可以归为两大类：逃跑或者战斗。

两者之间的区别可以用一个简单的场景来描述。我们假设你现在的工作很稳定但很无趣，你想辞掉现在的工作，然后做一个自由职业者。很显然，为自己工作存在很多不确定性，财务上也可能面临风险，所以，你发现这个想法有点儿吓人，这完全是可以理解的。

如果你抱有"逃跑"的心态，那就很可能因畏惧而退缩。这种心态应对方式通常意味着你不愿意承担风险，相对于长期改变带来的不确定性，你更倾向于维持现状，更愿意在短期内待在自己的舒适区里。在我们刚刚假设的那个场景中，你关注的焦点是：辞掉工作肯定会失去稳定的收入来源，为自己工作会面临很多潜在的风险。其实你想的还不止这些。在内心深处，你知道自己不愿意冒险一试，但为了保住颜面，你会编造各种各样的借口。比如，你会对自己和别人说，现在还得保住这份稳定的收入，等大的经济环境有所改善后，你才会考虑辞职。

一般来说，以这种方式应对恐惧的结果只能是失败。逃避威胁更有可能让你陷入次优解不能自拔，你也会因此变得更不开心，更担惊受怕，更没有成就感。

相反，如果你更愿意战斗而不是逃跑，如果你希望有一个更美好的未来，你就会拥有面对恐惧的勇气。这种应对方式通常意味着你愿意采取行动、愿意承担风险，你关注的焦点是：解决潜在的问题。在我们刚刚假设的那个场景中，你也害怕辞掉工作可能失去稳定的收入来源，但你做好了权衡风险的准备，你会评估改变现状和维持现状哪个风险更大。你并没有鲁莽行事，所以更有可能忍受给自己打工带来的不确定性，因为你知道这么做意味着你能够把控自己的生活，而这正是你想要的奖赏。如果你下定决心要离开，你会马上付诸行动，而不是找各种借口去拖延时间。

基于行动的应对方式能带来两大好处。首先，你能在行动中不断学习。你那些抱着逃跑心态的朋友们还在喋喋不休时，你已经撸起袖子干起来了，这意味着你更有可能学到所需的技巧，从而把计划变成现实。其次，走出自己的小世界后，你更有可能遇到同样怀有"战斗"心态的人，而他们可能给你带来意想不到的机会。

战斗心态通常能带来成功，这可能并不奇怪，因为它让你不再害怕了，它会鼓励你行动起来，帮助你成长，帮助你发展。

告诉大家一个好消息，只需要借助几个简单的技巧，就能让你变得更愿意战斗，而不是逃跑。这些技巧能够帮助你恰当地评估维持现状和改变现状的风险分别是什么；能够让你鼓足勇气，停止空谈，开始行动；能够阻止你过分鲁莽行事；还能够激励你克服恐惧带来的不适感。

冒险还是鲁莽？

当你登上飞机时你有多紧张？开车回家的时候呢？大部分人都会觉得坐飞机比开车更可怕，这可能并不奇怪。然而，在现实中，死于交通事故的概率大约是死于空难的 100 倍。不仅如此，大部分人开车回到家里后，还会面临一系列的死亡陷阱，其中包括楼梯顶部湿滑的地毯、带有数百伏电压的电线以及厨房洗手台上摇摇欲坠的尖刀。难怪统计数据显示你的家其实没那么甜蜜，每年都会有成千上万的人死于家庭意外事故。

如果再考虑到恐惧心理，这种不合常理的风险应对方式就更糟糕了。心怀恐惧的时候，人们倾向于自我保护，不愿意冒险，更愿意选择最安全的短期做法。而改变通常伴随着某些不确定感，所以他们倾向于维持现状。由于害怕失去稳定的收入来源，他们会继续从事一份既枯燥又没有前途的工作。由于害怕孤身一人，他们会继续维系一段并不愉快的爱情或婚姻。由于担心失败，他们决定不启动新的项目。

下面这个练习的设计灵感来源于蒂姆·费里斯在《泰坦的工具》一书中描述的一种技巧。设计目的是避开恐惧的不良影响，帮助你用一种更加冷静、更加理性的方式评估一个决定的利弊。

1）想想你要做的某个决定，这个决定让你感觉很害怕或者很紧张。这个决定当然不太可能是发射一艘飞向月球的宇宙飞船，但可能是换一份工作、邀请某个人出来约会、结束一段关系或者开始一个新的项目。

我脑海里想的这个决定是：

_____

2）假设你有一个玫瑰色的水晶球，它能让你看到未来一年的生活情况。你深深地凝视着水晶球，设想你已经决定冒险一试，做出改变，结果证明一切都进展得非常顺利。请花几分钟时间描述一下你脑海中出现的最乐观的情形。

我脑海中出现的最乐观的情形是：

_____

3）但是等一下。水晶球突然变得乌云密布，一种完全不同的未来出现了。你正在看的是未来一年的生活情况。你决定冒险一试，也做出了改变，但这一次你彻底搞砸了。请花几分钟时间写下你能够想到的最糟糕的情形。

我能够想到的最糟糕的情形是：

_____

4）接下来，请想一想最糟糕的情形出现的可能性有多大，可以用数字表示，其中1代表"几乎不可能出现"，10代表"非常可能出现"。不用想太久，只要尽可能诚实地给出你的评判就好。

我认为最糟糕的情形出现的可能性是：

_____

5）现在，请问问自己，如果最糟糕的情形真的出现了，你会如何应对？真的有那么糟糕吗？你会做哪些事情去弥补损失？过去你是如何处理此类问题的？你会向谁寻求帮助？有没有其他人遇到过同样的情形但最终渡过了难关？请花几分钟时间把你的想法写下来。

如果最糟糕的情形真的出现了，我会这样应对：

_____

6）再接下来，请想想，你是否可以提前做一些事情，以便降低最糟糕的情形出现的可能性，或者把这种情形带来的负面影响降到最低？你会采取哪些预防措施？你是否具备防止这种情形出现所需的技能？或者你是否能够掌握这些技能？同样花几分钟时间把你的想法写下来。

我会尽量阻止最糟糕的情形变成现实，我采取的方法如下：

7）在需要做出重要决定的时候，人们关注的往往是做某件事情可能面临的风险，却对不作为的代价视而不见。假设日子就这样一天天过下去，你什么也不做。请再次拿出你的水晶球，看看未来。如果你什么都不做，一年后你的生活会变成什么样子？

维持现状的风险是：

这个练习的设计目的是帮助你想清楚：什么时候应该直面恐惧，什么时候应该对其视而不见。请认真读一读你写下的答案。如果一切进展顺利，能带给你什么好处？这种未来是否让你兴奋不已？可能出现的最糟糕的情形是什么？一旦出现这种情形，你将如何应对？这种灾难性情形出现的可能性有多大？为了防止这种情形出现，你能做什么？对此你有什么感觉？什么都不做的代价是什么？记住，正如约翰·肯尼迪总统所言："采取行动是有风险和成本的。但长远来看，这些远小于安于现状的成本和风险。"

你可能会得出这样的结论：你的恐惧是有根据的，所以最好维持现状。这当然没问题。或者，你也可能得出这样的决定：那个最美好的未来是值得你去奋斗的；你可以应对最糟糕的情形；无所作为的代价实在太高了，高到你根本无法接受。在这种情况下，你可能会选择鼓足勇气直面恐惧，选择做出改变。这当然也没问题。

大部分的个人发展专家都会鼓励你去感受恐惧，而且无论如何都要采取行动。事实上，你最好还是理智一些，更冷静地判断前进的最佳方式。你可以冒险，但不能鲁莽。

如果不是现在，那是何时？

从逃跑心态转为战斗心态可能非常困难。即便你已经下定决心去直面恐惧、探索未知，你还可能面临一些心理障碍。当你站在改变的悬崖边，你的脑海中可能会蹦出一个声音："不要跳！"你当然不会承认是自己胆怯了，相反，你会试图找各种借口说服自己和别人。为了证明自己的不作为情有可原，人们常拿四种类型的借口为自己开脱。这个练习就是为对付这些借口设计的。

如果你发现自己正试图用这些借口说服自己和别人，下面的这些问题可以帮你找出拖延背后的真正原因：是真的情有可原还是你已经屈服于恐惧和担心了。

我想要做出改变，可是……

我就是没时间。

如何才能找到所需的额外时间呢？如果你能调整下各种事项的优先级、把新的计划或项目放到第一位，结果会如何？

我还不具备所需的资金、信息或技能。

你真的需要这些资源才能开始吗？如果真是这样，有没有可能通过卖掉一些东西拿到现金？或者想办法拿到所需的信息？开始行动前其实不一定要有完美的方案。如果你已经做好了 70% 的准备，那就可以开始了。

我正在等待一个恰当的时机，时机一到我就开始行动。

这么想没问题，但要防止因为过多的分析延误行动。你不会是在逃避吧？试着给自己设定一个硬性期限，提醒自己在此之前必须采取行动。

像我这样的人不太可能成功，所以也没必要尝试了。

你是说自己没有背景或者出身不好吗？此类因素是没法改变的，所以能容易被拿来当作无所作为的借口。你能不能找到这样的人：他们跟你的条件特别像，但最终获得了成功？

最后，如果你发现自己启动了一个项目却没能抽出时间把它做完，那就要当心了。当然，这可能也没问题，但也可能是一个标志，说明你可能陷入了一种常见的心态：如果我没有完成，那我就永远不会失败。你能不能给大家展示一下到目前为止取得的进展？（恐惧失败的人通常会说：在工作臻于完美之前，我是不能向别人展示的。）你觉得什么时候能够完成？

你觉得应该规避那些让你恐惧的东西，这是很自然的想法。然而，你必须熬过这段困难时期，这是因为，你屈服于恐惧的时间越长，恐惧就会变得越强大。不要找借口了，停止空谈，开始行动吧。

我们不是非得今天去月球不可

未来是不确定的，启动一个新的项目后，有可能无法按计划进行。在困境中坚守固然重要，但如果更明智的选择是暂且缓一缓、稍后再试，那你就不应该痴迷于前行了，这一点也至关重要。在这方面，阿波罗计划为我们提供了一个完美的案例。

格里·格里芬是"阿波罗"12号任务的飞行主管。1969年11月14日，"阿波罗"12号的三名宇航员搭乘"土星"5号运载火箭从肯尼迪航天中心发射升空。起初一切进展顺利，但仅仅过了三十几秒，问题就接踵而至。太空舱里的宇航员们看到一道明亮的闪光，不久耳机里就传来了一阵静电的噪声。突然之间，各种警报信号就响了起来，仪表板上的红色和黄色警示灯也开始不停地闪烁。

大家怎么也没想到，"阿波罗"12号使用的"土星"5号运载火箭竟然会被两道闪电击中。在任务控制中心，数据屏幕上的数字变得乱七八糟，格里芬必须在几秒之内做出一个攸关生死的决定。他可以选择放弃这次任务，浪费数百万美元，也可以选择继续进行，但这可能会让三名飞行员陷入致命的危险境地。突然，24岁的飞行控制人员约翰·亚伦建议让宇航员把信号调节器设置到辅助模式（"SCE to Aux"），这样数据很可能就可以恢复传输了，从而为格里芬争取一些时间。事实证明亚伦是对的，警示灯慢慢开始熄灭。

眼前的危机解决了，格里芬和他的同事们试图搞清楚闪电对火箭造成的损害到底有多严重。

"我永远也忘不了那一刻，"格里芬回忆说，"我们需要决定是否继续登月，这时我的老板克里斯·克拉夫特走了过来，他低声对我说：'年轻人，我们不是非得今天去月球不可。'"

"克拉夫特表达了两层意思，"格里芬补充说，"第一，不会有更高层的人介入此事。他们信任我，所以决定权在我；第二，这是一个温馨的提示，告诉我不要头脑发热，如果我觉得风险太大，就没必要让任务继续。"

国家已经为这次任务投入了大量时间、精力和资金，然而，克拉夫特告诉格里芬，他不应该迫于压力做出鲁莽的决定。这也再次印证了阿波罗项目领导层的风格：充分信任团队成员、赋予他们责任感。

格里芬认为隐患已经排除，任务可以继续执行，结果也证明他的决定是正确的。"阿波罗"12号任务取得了巨大的成功，10天后，三名宇航员安全返回地球。

如果新项目进展不顺利，不要鲁莽行事，不要继续投入时间、精力和资金，因为这样只会让情况变得更糟糕。最明智的做法可能是暂时缓一缓，改天再尝试。就像克拉夫特对格里芬说的那样："我们不是非得今天去月球不可。"

登月备忘录
主题："今天"的重要性

快速思考： 当克拉夫特说"我们不是非得今天去月球不可"时，"今天"这个词特别重要。他没有说他们永远不去月球了，他只是告诉格里芬不要有压力，在当时不要贸然决定任务继续。如果你决定不登月，也要把通往未来机会的大门打开，所以记得加上"今天"这个词。

走向大炮

当你听到炮声时，要走向大炮。

肯尼迪总统宣布要把一名美国人送上月球后几个月，米高梅公司推出了一部浪漫喜剧电影《埃迪父亲的求爱》。电影改编自马克·托比的畅销小说，电影的主要情节是围绕亨丽埃塔·洛克菲勒镇定和自信心学校展开的——这是一个虚构的组织，致力于个人改进和成长。为了提升他们的成功机会，学员们要遵循几条规则，其中第一条也是最重要的一条规则就是：每天做一件令你恐惧的事情。

这可不是美国人第一次被鼓励去拥抱恐惧。拉尔夫·沃尔多·爱默生在1841 年的散文《英雄主义》中就曾督促他的读者"经常去做你害怕做的事情"。1960 年，埃莉诺·罗斯福在《生活教会我》一书中也提出了同样的建议，这位前第一夫人是这样写的：

"在我看来，恐惧总是最糟糕的绊脚石，是每个人都必须面对的……如果你真能够停下来直面恐惧，这种经历一定能带给你力量、勇气和信心……每次你都要让自己战胜恐惧。你必须去做你觉得自己做不到的事情。"

这种见解经受住了时间的考验。1997 年，《芝加哥论坛报》的专栏作家玛丽·施米希给她的读者们提供了一系列的人生课程，其中就包括："每天做一件令人恐惧的事情。"施米希列出的清单很快就传播开了，最后还出现在了一首流行歌曲中，这首歌的名字叫《人人都可以涂防晒霜》。

这个建议之所以能流传至今是因为它的确有用。为了帮助人们克服恐惧症，心理学家会让人们直接面对令他们恐惧的事物。同样的道理，通过去做令你恐惧的事情，你就能获得更多勇气和自信。

很显然，在实践这条建议时你也不能鲁莽行事。你可能不敢从高楼大厦上跳下去，这种恐惧绝对是可以理解的，你不需要去直面它，相反，要不惜一切代价规避这种风险。不过，去做一些相对安全但同样可怕的事情还是有益身心健康的。下面列出的这个清单或许是你愿意考虑的。认真读一读，看看你有什么感觉。如果某条建议让你觉得好像有几只蝴蝶在胃里飞舞，那就说明你害怕了，看看你是否能够鼓足勇气直面这种恐惧。

★ 去给美术课做裸体模特。

★ 去攀岩、进行洞穴探险、跳伞或者乘坐高空滑索。

★ 造访一家供应昆虫的餐厅，吃一只蟋蟀、蚱蜢或蝎子。

★ 去参加一次聚会或社交活动，把自己介绍给 5 个陌生人。

★ 脱掉所有的衣服，光着身子在房间里走来走去。

★ 想出一件你特别不擅长或者令你恐惧的事情（跳芭蕾、学游泳、掌握一门外语或者荡秋千），然后报名参加一个相关的培训课程。

★ 改变发型。如果你一直留长发，那就把它剪短。如果你一直留短发，那就把它留长。或许还可以给头发染个不同的颜色。

★ 告诉你的父母、配偶或者密友你对他们的真实感觉（假设是正面的！）。

★ 坐一次直升机或者玩一次过山车。

★ 当说谎让你感觉更轻松时说出真相。

★ 在身上刺个小文身或者打个孔。

★ 如果你害怕跟陌生人聊天，那就去公园，告诉一个陌生人你觉得他的狗很可爱。

★ 过一个关掉手机、平板和电脑的周末。不要浏览网页，不要回复邮件，也不要登录社交媒体账号。

★ 放弃你觉得很重要的东西。比如给你平时不怎么支持的慈善团体捐点钱，或者把你最喜欢的东西送给家人或朋友。

★ 如果你害怕站到人群的前面，那就给自己安排一次演讲，甚至可以考虑到当地的喜剧俱乐部里做一次简短的喜剧表演。

★ 一个人去旅行（再次提醒，安全第一）。

★ 去一次鬼屋或者在一所据说闹鬼的房子里待一晚上。

登月备忘录
主题：暴露自己

即便出现了令人恐惧的情形，宇航员们通常也都表现得极为镇定，部分原因是因为他们受过专业的训练，他们很清楚惊慌失措并不能改变或改善现状。

无论是在试验中还是在执行任务时，宇航员们都可能遭受各种磨难。虽然你可能不必面对同样的磨难，但肯定也有一些事情令你心怀恐惧。其实很多人都有恐惧症，有人怕蜘蛛，有人不敢公开发言，有人怕坐飞机，有人怕用筷子，还有人害怕小丑。多年的研究表明，克服恐惧症的最佳方式之一就是不断地让自己直面恐惧，这就是所谓的"暴露疗法"，是一个系统而缓慢的治疗过程。

我们假设你很怕蜘蛛。你可以先放松一下，然后在房间里挂一张蜘蛛的照片，远距离地观察这张照片。重复几次后，你就会发现，远距离观察蜘蛛的照片不会再让你感到紧张了。接下来，重复这个过程，放松，看照片，放松，看照片，不过这一次你要更靠近照片一点儿。过了一会儿后，你会发现走近点看照片也没问题了，这时候你就可以进入下一个阶段了，再靠近一些。当你已经习惯近距离观察蜘蛛的照片后，就可以把照片换成装在盒子里的蜘蛛了。你会发现，慢慢地你就敢直面真正的蜘蛛了，你就敢把盒子拿在手里了。到了最后，你就敢用手去拿那只蜘蛛了。

"暴露疗法"几乎对所有的恐惧症都是有效的。如果你害怕社交活动，可以先试着跟超市的收银员打个招呼，然后到大街上拦住一个人问路，再然后跟餐厅的服务员聊上一小会儿，最后去参加一个聚会，确保聚会上就没有几个你认识的人。同样的道理，如果你害怕小丑，可以先看一张小丑的照片，然后跟一个穿着巨大鞋子的人待在一个房间里，慢慢过渡到给自己脸上戴一个大大的蛋黄派面具。

总而言之，你越习惯做某件事情，下次再做的时候就不会那么紧张了。

小结

有时候，你需要去感受恐惧，然后克服恐惧继续行动，这一点非常重要。然而，说起来容易做起来难。要想知道停止空谈、开始行动的时机是否到了，你要记住以下几点。

★ 设想一下最乐观的情形和最糟糕的情形分别是什么样的。最糟糕的情形出现的可能性有多大？为了避免这种情形，你可以采取哪些预防措施？如果你决定采取行动，要想想：自己是在冒险还是在莽撞行事？

★ 当面对一件令你恐惧的事情时，你很可能会选择拖延，而且很容易就能找出各种借口。你可能会说时机不对或者你还没有做好充分的准备。问问自己：这是你不采取行动的真正原因，还是你为心中的恐惧找的借口？

★ 不要因为已经起步了或者已经投入了，就一定要坚持做下去。记住，你不是非得今天去月球不可。如果一项计划的成本已经高得离谱或者可能造成严重的后果，一定要花些时间想想你该如何选择。

★ 慢慢习惯令你恐惧的事情。一旦有机会，就要鼓足勇气，走向大炮。

第 **7** 章

那个说 "继续" 的人

敏捷的思维在数秒之间拯救了历史性的登月任务。

如何为可能发生的任何事情做好准备？

"阿波罗"8号任务取得了巨大的成功，现在，距离肯尼迪设定的期限，也就是在1970年之前把一名美国人送上月球，仅剩一年的时间了。很快，登月舱就投入使用了，接下来的两次阿波罗任务对登月舱的各项性能进行了全面测试。"阿波罗"9号于1969年3月发射升空，在绕地轨道上进行了长时间飞行，对至关重要的交会和对接过程进行了演练。一切按照原计划进行，仅仅两个月后，"阿波罗"10号也踏上了征程。跟"阿波罗"8号一样，"阿波罗"10号的宇航员们也驾驶飞船进入了绕月轨道。两名宇航员爬进了登月舱，下降到距离月球表面只有十几千米的地方，随后又回到了指令舱。这两次任务的规划和实施速度实在是太快了，任务控制中心的工作人员甚至都没有时间好好欣赏他们的辉煌战果。飞行控制人员约翰·亚伦曾经回忆说，当时的那种感觉就像是在开怀畅饮。

"阿波罗"10号的成功意味着彩排结束了，团队已经做好了把一个人送上月球的准备。执行"阿波罗"11号任务的宇航员是尼尔·阿姆斯特朗、巴兹·奥尔德林和迈克尔·科林斯，这三个人的性格可谓大相径庭。尼尔·阿姆斯特朗小时候就喜欢设计模型飞机，在朝鲜战争中执飞过将近80次战斗任务。

巴兹·奥尔德林以班级第三名的优异成绩毕业于西点军校，对航天器的交会做过广泛的研究，是所有阿波罗宇航员中唯一拥有博士学位的人，他的绰号是"交会博士"。迈克尔·科林斯跟他的两名同伴截然不同，他喜欢画画，热爱园艺，对技术并不是特别感兴趣。

1969 年 7 月 16 日早晨，全副武装的阿姆斯特朗、奥尔德林和科林斯乘车前往发射台，然后搭乘电梯抵达"土星"5 号运载火箭支撑塔的顶部，进入绝尘室，在古怪、可靠的甘特·温特的密切注视下开始做最后的准备工作。阿姆斯特朗爬进指令舱后，温特递给他一个好玩的告别礼物。这是一个用聚苯乙烯泡沫塑料制作的新月形装饰品，温特对阿姆斯特朗说这是打开月球的钥匙。阿姆斯特朗对温特表示了感谢，然后解释说他会乘坐飞船前往月球，请温特先代为保管这把钥匙，等他回来。作为回赠，阿姆斯特朗给了温特一张"两颗行星之间有效"的"太空出租车"票。

在距离发射台几英里的地方，数十万人拥到卡纳维拉尔角见证这一历史性的时刻。仅美国国家航空航天局列出的贵宾名单就多达两万人，其中包括资深艺人约翰尼·卡森、前总统林登·约翰逊和时任副总统斯皮罗·阿格纽。现场还有来自 50 多个国家的 2000 多名记者。附近的公路堵得水泄不通，小贩们兜售的 T 恤、帽子和徽章等纪念品被抢购一空。有些买不到纪念品的游客竟然拔了一些草塞到了自己的包里，可谓疯狂至极。

美国东部时间上午 9:32，"土星"5 号运载火箭从肯尼迪航天中心点火发射，徐徐升空后逐渐消失在云层中。感受到冲击波的人们开始鼓掌、欢呼、呐喊。一切都在按原计划进行，几分钟后，三名宇航员就进入了绕地轨道。环绕地球飞行了一周半之后，宇航员们点燃了发动机，开始加速往月球飞去。全世界最野心勃勃的太空任务开始收官。

多年以来，任务控制中心的工作人员已经意识到，如果有很多人试图跟执行任务的宇航员们进行沟通，肯定会对他们造成困扰。所以，当宇航员们身处太空时，任务控制中心只有一名人员有权直接跟他们对话，这个人被称为"太空舱通信员"（CAPCOM）。为了确保"太空舱通信员"能够站在宇航员的角度跟他们对话，这个岗位总是由一名真正的宇航员来担任。在"阿波罗"11号任务中，先后有几个人担任过"太空舱通信员"，他们为阿姆斯特朗、奥尔德林和科林斯提供了很多重要的信息和地球上发生的新闻。绝大部分沟通内容都关乎任务的成败，但偶尔也会开开玩笑放松一下。比如说，7月18日的时候，"太空舱通信员"告诉"阿波罗"11号的宇航员们爱尔兰人约翰·科伊尔赢得了喝麦片粥大赛的世界冠军，他在10分钟内喝掉了23碗麦片粥。身在太空的科林斯开玩笑说奥尔德林可以参加下一年的比赛，因为他刚刚喝掉了第19碗燕麦粥。

登月备忘录
主题：难言之隐

"阿波罗"11号的宇航员们吸取了"阿波罗"8号的教训，所以在为期3天的月球之旅中没有人呕吐或者腹泻。但这并不代表指令舱里的环境舒适宜人。"阿波罗"11号的燃料电池通过氢氧结合产生电能和饮用水。不幸的是，这种饮用水中含有大量的氢气泡，结果造成宇航员的肠胃里积聚了大量的气体。阿姆斯特朗说指令舱里的气味"介于落水狗和沼泽草地之间"，奥尔德林调侃说他们排出的气体可以作为备用推进系统。虽然奥尔德林只是在开玩笑，但有些太空科学家的确开始担心指令舱里的气体了。

地球上的空气对流（热空气上升，冷空气下降）在微重力的太空环境中并不会发生。由于没有人工对流系统，指令舱的空气会一直保持静止状态，而这很可能造成严重的问题。比如说，当宇航员们睡觉时，他们呼出的二氧化碳会在头部聚集，可能造成呼吸困难。此外，没有对流意味着设备无法冷却，导致迅速到达过热状态，进而造成故障。最让人担心的是，宇航员们排出的气体在飞船的各个部位聚集后会有爆炸的风险。

为此，科学家和工程师们设计了一套高效的空调系统，建造了通过循环液体进行冷却的设备，而且还对宇航员们排出的气体进行了广泛的研究（最终发表的学术论文的题目包括《太空肠胃病学：太空飞行条件下的胃肠道生理学和病理学综述》和《太空饮食产生的肠内氢和甲烷》）。这其中的哪一项技术出现了问题，后果都将不堪设想。

点火升空几天后，"阿波罗"11 号开始快速接近它的目的地。在距离月球仅有几小时的航程时，"太空舱通信员"麦克肯多斯告诉宇航员说德国已经宣布把接下来的星期一（也就是阿姆斯特朗和奥尔德林登上月球表面的日子）定为"阿波罗日"，到时巴伐利亚的孩子们会放假一天，教皇也特地让人在他的避暑胜地安装了接收彩色电视的线路（当时意大利的电视节目还都是黑白的）。

一切都在按原计划进行，"阿波罗"11 号到达了月球背面，宇航员们顺利完成了要求极为苛刻的发动机点火，随后飞船进入了绕月轨道。一切准备就绪，接下来阿姆斯特朗和奥尔德林就要踏上历史性的登月之旅了。

最终的动员讲话

7月20日，飞行控制主管吉因·克兰兹去任务控制中心上班。他被选中负责任务中的登月阶段，他很清楚自己几小时后就要面临的可能是什么：要么实现肯尼迪描绘的愿景，要么被迫终止任务，或者失去两名勇士。"太空舱通信员"查理·杜克正平静地给宇航员们传递新闻和体育快讯。

26岁的史蒂夫·贝尔斯那天就坐在任务控制中心的一个控制台后面。跟他的很多同事一样，贝尔斯也来自一个普通的家庭。他在艾奥瓦州的乡下长大，父亲是学校的门卫，母亲是美容师。十几岁时他在电视上看到了沃纳·冯·布劳恩谈论太空旅行的乐趣，从此迷上了把宇航员送上月球的想法。从艾奥瓦州立大学航空工程专业毕业后，贝尔斯被美国国家航空航天局录取，最初负责带人游览约翰逊航天中心。他逐渐跟任务控制中心的几名工作人员成了朋友，后来就成了任务控制中心的一名制导员。他完全没想到自己几小时后就要在阿姆斯特朗的历史性降落中扮演极为重要的角色了。

美国国家航空航天局恢复了允许宇航员给飞船命名的政策，"阿波罗"11号的登月舱被命名为"鹰号"，指令舱则被命名为"哥伦比亚号"。美国东部时间上午9:30左右，奥尔德林和阿姆斯特朗爬过一个小小的舱门后进入了"鹰号"登月舱，开始为降落到月球表面做各种必要的准备。大约下午2点，阿姆斯特朗和奥尔德林所在的"鹰号"登月舱与指令舱脱离，两个飞行器开始各自绕月飞行。

飞船消失在月球背面后，克兰兹抓住机会给任务控制人员做了一个动员讲话。为了确保只有任务控制人员听到这次讲话，他们使用了一个私密的通信频道，他提醒大家说，全世界都会盯着他们，他们即将创造历史，要尝试去做一件前无古人的事情。克兰兹说他对每一名任务控制人员都充满信心，不管发生什么，他都坚决支持他们的每一个决定。

直到今天，那一刻还深深地印在贝尔斯的脑海里，他还清楚地记得克兰兹最后说的那段话：

"他最后说的是不管结果如何，我们都会作为一个团队走出那个房间。那些话对我产生了难以置信的影响。他告诉我们说我们已经做好了周全的准备，他说他会支持我们的决定，他说我们是一个团队。如果登月没有成功，他不会责怪我们中的任何一个人。我们是作为一个团队走进那个房间的，走出房间的时候我们依然是一个团队。当时我真是受到了极大的鼓舞，紧绷的神经也放松了不少。那正是我当时特别想听的话。"

随后克兰兹让人锁上了任务控制中心的大门。他不希望有任何人进来打扰工作人员，也不希望有任何人离开那个房间，可能更重要的是，他想借此提醒大家，现在，我们要为即将发生的一切全权负责了。

就在那一刻，指令舱和"鹰号"登月舱重新出现在了任务控制中心的屏幕上，阿姆斯特朗和奥尔德林开始向月球表面进发。在高速飞向月球的途中，通信信号很不稳定，他们只能费力地跟任务控制中心进行沟通。更糟糕的是，看起来他们偏离了既定的轨道。大家都不知道，当"鹰号"登月舱跟指令舱分离时，两者连接通道内的空气并未完全清除干净。结果，残留的空气给了"鹰号"登月舱一个小小的额外推力，现在，它的前进方向已经偏离了既定的着陆区域。

道格·沃德当时正在做现场报道，他还记得任务控制中心的紧张氛围：

"跟宇航员之间的通信一直断断续续，一会儿有信号，一会儿又没信号。我坐在座位的边缘，一直在想我们可能要放弃了。"

情况变得越来越糟糕。就在他们接近月球表面时，任务控制中心听到尼尔·阿姆斯特朗报告说"程序警报"。登月舱内的制导计算机屏幕上闪现出错误代码"1202"。阿姆斯特朗比较担心，于是告诉任务控制中心："给我们看看1202程序警报的解除办法。"

回到地球上。现在贝尔斯必须决定是否放弃登月，因为根本没有时间进行长时间的讨论了。贝尔斯的回应根源于一种思维模式，这种思维模式对于整个阿波罗项目的成功都至关重要，稍后我们再回到贝尔斯面临的进退维谷的局面中。

想一想"假若……将会怎样"

我们在本书的第一章已经认识了杰瑞·伍德菲尔。拿到体育奖学金进入莱斯大学后，伍德菲尔的学业成绩并不理想。肯尼迪抵达莱斯大学体育场后，伍德菲尔去听了肯尼迪的演讲，肯尼迪描绘的在1970年之前把一名美国人送上月球的愿景让他热血沸腾，他随之放弃了自己的篮球生涯，开始学习电气工程。从莱斯大学毕业后，他去美国国家航空航天局应聘并被录取，安排给他的工作是帮助设计登月舱的安全系统。

伍德菲尔和他的同事们工作的地方就在任务控制中心的隔壁，这个房间被命名为任务评估室。他们的职责是为宇航员和飞行控制人员提供技术援助。作为工作的一部分，他们要设想在任务执行过程中可能出现哪些比较棘手的问题，然后想办法避免此类问题的出现或者为此类问题找出解决方案。有一次，在思考登月使用的雷达系统时，伍德菲尔的脑海中突然跳出了一个想法。雷达上面有一个报警器，当雷达开始出现过热现象时，报警器就会发出警报声。一旦登月舱降落到月球表面，其实雷达就不重要了，但它的过热报警器还在继续工作。伍德菲尔在想：宇航员降落到月球后，如果登月舱的发动机不小心触发了雷达的温度报警器，将会出现什么情况？如果这种情况发生时宇航员正在月球上漫步，伍德菲尔担心他们可能会被迫返回登月舱，查看到底哪里出了问题，这样一来，他们那历史性的月球漫步时间就会缩短，然而，这其实是没有必要的。

在好奇心的驱使下，伍德菲尔和他的同事们对雷达系统做了热分析，结果发现登月舱的发动机散发的热量的确可能触发假警报。这就是"假若……将会怎样"这种思维模式的一个典型案例。解决这个潜在的问题只需要花费很少的成本，但伍德菲尔估计他们的工作为阿波罗项目节省了数百万美元，而且避免了一个可能令人极为尴尬的场面。

"假若……将会怎样"这种思维模式体现在阿波罗项目的各个层面。在白宫，理查德·尼克松的顾问已经为他准备好一篇失败演讲稿，一旦"阿波罗"11号任务以悲剧告终，总统就会发表令人动容的演说，对牺牲的两名宇航员表示哀悼，并感谢他们为人类的探索之路做出的卓越贡献：

"命运注定了前往月球探险的人将永远在月球上安息，这两位勇敢的男人，阿姆斯特朗和奥尔德林，早就知道，他们没有任何回来的希望，不过他们也知道，由于他们的牺牲，人类将拥有更多的希望……在将来的夜晚，每一个仰望月球的人都会知道，在另一个世界的某个角落，永远有人类存在。"

所幸的是，登月任务成功了，尼克松永远也不需要发表这通演讲了。演讲稿被美国国家档案馆封存，直到 30 年后才公之于众。

到目前为止，最广泛、最复杂的假设都发生在任务控制中心。任务控制中心的一面墙上有几个巨大的窗户，这些窗户的后面是模拟团队的办公区域。模拟团队由大约 30 名工程师和科学家组成，他们会仔细审查阿波罗任务的规划文件，猜测任务中可能出现的各种问题。想到问题后，他们就会在任务控制中心进行一次模拟演练，看看控制人员是否能够应付这些问题。控制人员很清楚模拟任务的目的，却不知道他们要应对的问题到底是什么。模拟演练工作非常复杂，而且从不间断，有时候一周会有 6 天都在模拟，而且一天之内会进行多次模拟演练。

电气工程师杰伊·霍尼克特在阿波罗模拟团队中扮演了重要角色。他的主要工作就是给任务控制中心提供各种数据，以模拟可能出现的各种问题。如果宇宙飞船的燃料出现了泄漏，控制人员会不会注意到？如果一台发动机出现了故障，他们会如何应对？如果登月舱突然偏离了轨道，他们能应付吗？在某些情况下，模拟并不是数据驱动的，更多的是人为因素。在一次训练之前，霍尼克特偷偷地把一根绳子系在了一名控制人员的控制台输入电源上，然后从地板下面把绳子一直引到了模拟室。在进行模拟时，霍尼克特耐心地等待着，就在控制人员即将做出关键决策的那一刻，他猛地拉了一下绳子，把控制台的电源给切断了。霍尼克特欣慰地看到，控制人员迅速切换到了其他的控制台，模拟任务得以继续进行。

在另一次模拟中，霍尼克特和他的团队决定断开任务控制中心的断电器。突然之间，大约三分之一的控制台和一半的灯都关闭了。控制人员花了很长时间才搞清楚到底是哪个断电器出了问题并换了一个断电器。据霍尼克特回忆，任务控制中心迅速采取了纠正措施：

"我是第二天早晨 6:30 到的，我看到地板上都被画满了。这些家伙就跪在地板上，正在给每一条线路进行编码，而且标注了各种不同的颜色。一周之后，所有的断电器都有了一个号码，他们能够在 5 分钟之内定位到出现问题的断电器并完成更换操作。这就是他们的工作态度。从没有任何一个人对我们发过火。这是我们共同要做的事情，也是最佳的学习方式。"

模拟团队的工作对阿波罗项目的成功至关重要。正如格里·格里芬所言：

"就我们的任务来说，最主要的是要搞清楚当发生这样或那样的问题时我们该怎么做，我们把大约 90% 的时间都花在了这里。我们竭尽所能为所有事情都准备了备用系统和操作规程。毫无疑问，正是这些准备工作拯救了我们。我是说，真的拯救了我们很多很多次，因为在我看来，没有哪次任务是没有问题的，而且每一次我们都会碰到一些比较严重的问题。"

就在"阿波罗"11 号登月前的几个星期，克兰兹的团队显得有些过于自信了，模拟主管迪克·库斯觉得不能让他们的生活如此轻松自在。库斯可是美国航天项目的元老级人物，也是模拟航天任务中最受人尊敬的权威人士之一。他命令自己的团队把第 26 号案例载入系统，他想知道：如果登月舱上的电脑发出警报，克兰兹的团队能不能应付？

在模拟过程中，登月舱的导航计算机突然发出了代码为 1210 的警报。为了帮助宇航员顺利降落到月球的指定位置，他们使用了当时最先进的计算机，不过，这台计算机的计算能力还比不上现在的一部手机。1210警报意味着同时有两个硬件试图跟计算机进行通信，结果造成计算机应付不过来了。

那天坐在控制台后面的人是史蒂夫·贝尔斯。警报出现后，贝尔斯还不太确定是哪里出了问题。他能够看到计算机的运算能力不足了，但不能确定这个问题会不会影响到整个任务的进行，为了安全起见，他选择了终止登月。在随后的总结会上，任务控制人员发现1210警报还没有严重到要终止任务的程度，他们当时应该选择继续登月。

库斯给贝尔斯和克兰兹提了个醒，他们放弃了一次任务，但事实上根本没有必要。克兰兹的整个团队后来接受了长达数小时的项目警报培训。软件工程师们向任务控制中心保证说，模拟时出现的那类警报是为排除计算机代码中的错误设计的，主要用于代码发布前，在真实的任务中几乎不可能出现。尽管如此，克兰兹还是要求他的团队把所有可能出现的警报全部过一遍。

贝尔斯请他的老同事、软件支持工程师杰克·加曼把所有可能出现的警报全部浏览一遍，并把可能关乎任务成败的警报全部标记出来。几天后，加曼给了贝尔斯一个手写的表格，里面囊括了他发现的所有重要警报，贝尔斯自己又把每一个警报全部浏览了一遍，然后才签署了这个表格。他们俩肯定没有想到，在即将到来的"阿波罗"11号历史性登月任务中，他们所做的工作竟然发挥了巨大的作用。

登月备忘录
主题：廷德尔的备忘录

小比尔·廷德尔是一名出色的工程师，是一位天生的管理者，也是一个很风趣的人。他帮助从底层开始搭建美国的太空项目，特别善于激励他人，思维敏捷，头脑清醒，能够协调不同的团队共同处理复杂的问题。飞行主管吉因·克兰兹曾经形容他是"我们用到的所有登月技术的总设计师"，当尼尔·阿姆斯特朗驾驶登月舱降落到月球表面时，坐镇任务控制中心的克兰兹邀请廷德尔坐到了自己身边。

在职业生涯的早期，廷德尔就开始给同事们写备忘录了，目的是帮助他们聚焦关键问题。

多年以来，廷德尔写的备忘录已经超过了 1000 条。虽然这些备忘录都是针对严肃问题撰写的，但很多备忘录的标题都很轻松愉快（"通气管弯曲下降，哀悼"；"所谓幸福就是拥有很多氢气"）而且富有幽默感（"如果数据是准确的，那我们就有大麻烦了"）。这些备忘录迅速流传开来，最后竟然有了一个专门的名字：廷德尔的备忘录。

在其中的一个备忘录上，廷德尔指出，登月舱降落到月球表面后，飞行控制人员只有几分钟的时间做出一个决定：宇航员们应该继续留在月球表面还是放弃任务并想办法回到位于绕月轨道的飞船中。当时，指令"走"代表任务继续，"别走"则代表应该放弃任务。廷德尔发现这两个指令可能会让降落到月球表面的宇航员产生困扰。"走"代表继续留在月球上还是放弃任务离开月球呢？"别走"是代表放弃任务离开月球还是继续留在月球上呢？任务控制中心后来接受了廷德尔的建议，把这两个指令分别更改为"留下"和"别留下"，问题迎刃而解。

对一个简单指令的误解很可能葬送人类历史上最伟大的时刻之一。但廷德尔的思维非常清晰，而且沟通关键问题的方式直截了当，他这个小小的建议拯救了登月这个重大的日子。

充分准备带来的力量

1969 年 7 月 20 日，当"鹰号"登月舱快速飞向月球表面时，舱内的计算机发出了代码为 1202 的程序警报。在远离地面 35 万千米的太空，可能出现生死攸关的紧急情况。

不过，这一次，任务控制团队已经做好了准备。加曼迅速查询了警报列表，确认程序警报 1202 代表"执行溢出"。"鹰号"登月舱的导航计算机要处理的任务太多了。它正在努力计算距离月球表面还有多远，把重要的信息发回任务控制中心，同时还要时刻盯着指令舱的位置，万一阿姆斯特朗放弃登月就要迅速掉头返航。此外，无论是任务控制中心还是宇航员们都不知道，系统的一个小故障造成计算机还要处理跟登月无关的额外信息。不幸的是，计算机有些超负荷运转了，它已经尽可能处理完更多的任务，尽可能保存了所需的数据，并开始了重启。

加曼意识到，只要代码不是一直出现在计算机屏幕上，继续登月就没有问题，他也第一时间把自己的发现告诉了贝尔斯。贝尔斯必须综合考虑来自加曼的信息和来自登月舱的导航数据，然后迅速决定是否放弃登月。全世界的眼光都在看着他，26 岁的贝尔斯担起了这个重任，决定任务可以继续。远在几十万英里外的阿姆斯特朗和奥尔德林收到了指令，开始继续降落。

太空舱通信员（CAPCOM）查理·杜克传达了这个好消息："收到。我们继续。"

几分钟，奥尔德林报告了另外一个问题："收到。明白。准备着陆。3000英尺。程序警报。"

这一次，警报的代码是 1201。加曼再次查阅了警报列表，发现 1201 代表"执行溢出——没有剩余空间"，随后贝尔斯给着陆开了绿灯。

太空舱通信员："收到。1201 警报。我们继续。同样的类型。我们继续。"

正当"鹰号"登月舱接近月球时，又出现了一个重要的问题。阿波罗团队花费了数年时间研究月球表面的照片，并且确定了理想的着陆地点。他们选择的是一个长 11 英里、宽 3 英里的椭圆形区域，名为"宁静海"。不幸的是，当登月舱和指令舱分离时，"鹰号"获得的额外推力让它飞过了设定的着陆点。更糟糕的是，它现在正直接冲向一个巨大的陨石坑，里面到处都是汽车大小的巨石——跟其中的任何一块巨石相撞都会让"鹰号"粉身碎骨。此前无休止的模拟训练终于要派上用场了。阿姆斯特朗迅速把飞行器切换到手动控制模式，开始掠过那个陨石坑。在距离月球表面不到 100 英尺时，"鹰号"的燃料已所剩无几，最多还能飞行一分钟。任务控制中心陷入一片沉寂，只有太空舱通信员还在传递信息：

太空舱通信员："60 秒。"

距离月球表面仅剩 40 英尺时，问题变得更加严峻，因为"鹰号"的发动机已经吹起了月球表面的尘土，宇航员的视野受到了严重影响。

太空舱通信员："30 秒。"

当燃料仅够支撑 20 秒时，阿姆斯特朗终于发现了一处适合着陆的地点，"鹰号"轻轻地降落到月球表面，这里距离最初设定的着陆点大约为 4 英里。

奥尔德林："打开着陆灯。好的。关闭发动机。"

"鹰号"的发动机关闭了。在外面，10 亿年来都未曾受到干扰的月尘开始缓缓落下。随后阿姆斯特朗说出了全世界都迫切希望听到的话：

"休斯敦，这……这里是宁静海基地，'鹰号'成功着陆。"

兴奋不已的查理·杜克回复时竟然也有些结结巴巴。

太空舱通信员："收到，宁……宁静海，已收到你着陆的消息。这帮小伙子脸都快憋紫了。我们终于可以松口气了。非常感谢！"

道格·沃德还记得当时房间里那种如释重负的感觉：

"我听到后面的访客观景室里传来了阵阵欢呼声，政府官员、管理人员和宇航员的家属都在那里。克兰兹随即要求所有任务控制人员安下心来，开始详细核对问题清单，以便确认宇航员是留下还是别留下。结果发现一切良好。我们终于登上月球了。"

全世界有成百上千万的人亲眼见证了一件看似不可能发生的事情。那一晚，阿灵顿国家公墓里肯尼迪总统的墓地旁边依然燃烧着永不熄灭的火焰，有人在旁边放了一小束鲜花和一张手写的纸条。上面只有很简单的一句话："总统先生，'鹰号'已成功着陆。"

　　有些任务控制人员终于可以好好休息一下了，这是他们应得的。飞行控制人员埃德·芬德尔回家睡了一觉，第二天一早又回去工作了。在回任务控制中心的路上，他在当地的一家餐馆停下来吃了个早饭：

　　"我点了炒鸡蛋。有两个人走了进来，坐到了我旁边的凳子上。他们在当地的加油站工作，我听到他们开始聊起了登月的话题。其中一个人说：'你知道吗？我经历了整个第二次世界大战。参加了诺曼底登陆。那真是不可思议的一天。后来我转战到巴黎，再后来是柏林。但作为一个美国人，我觉得昨天才是我感到最自豪的一天。'"

　　埃德始终都在任务控制中心工作，他此前没有意识到，登月成功对普通的美国人会有那么大的影响。埃德感觉自己都开始哽咽了，他默默地埋单，拿起自己的报纸回到了车里，然后开始放声大哭。

　　"阿波罗"11号的宇航员们成功返回地球几个月后，理查德·尼克松总统在洛杉矶举办了一次盛大的晚宴，专程招待参与这一历史性任务的人员。当着众多政府高官和各国大使的面，尼克松将"杰出服役十字勋章"追授给了在"阿波罗"1号大火中牺牲的三名宇航员，同时授予"阿波罗"11号的三名宇航员"总统自由勋章"，授予任务运行团队"美国国家航空航天局团队成就奖"。史蒂夫·贝尔斯上台去领了最后这个奖项。当他骄傲地站在台上时，尼克松对大家说："正是这个年轻人，在计算机看似很困惑的时候，在他本可以喊停的时候，说了'继续'。"这一切都是充分准备带来的力量。

时刻准备着

没有准备的人，就是在准备失败。

——本杰明·富兰克林

我们先来做一个简单的调查问卷。

想想你在某件事情发生前感到非常紧张的经历，比如必须面向同事发表演讲、参加求职面试或者参加一个全是陌生人的聚会。接下来，阅读下表中的10个句子，这些句子描述了你在这件事情发生前的想法，用数字给每个句子打分，看看符合度有多高，其中数字1代表"我从没这样想过"，数字5代表"我就是这么想的"。

打分

1. 总的来说，我当时很担心结果到底会怎么样。

2. 我有时候会考虑一些可能出错的具体事项。

3. 我当时觉得自己可能无力应对发生的事情。

4. 我当时倾向于花大量的时间思考可能出现哪些问题。

5. 我当时觉得事情的结果可能会超出我的控制能力。

6. 总的来说，我当时设想了如果出现问题我该如何解决。

7. 当时我的想法就是：不到最后一刻就不要想这件事情。

8. 我当时认为，想想哪里可能出错有助于我做好充分的准备。

9. 我当时尽量不去想这件事情，因为一想我就会很紧张。

10. 我当时经常设想最糟糕的情况可能是什么样的，虽然在内心深处我觉得这种情况根本不可能真的出现。

我们一会儿再来说这个调查问卷。

乐观主义和悲观主义对人们的生活到底会造成什么影响？针对这个问题，心理学家们做过成千上万次的科学研究。这些年来，几个清晰的模式已经浮现出来。总体而言，跟悲观主义者相比，乐观主义者通常更快乐，身体也更健康。此外，正如我们在第三章提到的，乐观主义者更有可能开始实现他们的目标，而且在陷入困境时更有可能坚持下去。所有这一切会产生叠加效应，结果就是乐观的人，无论是在个人生活还是在职业生涯中都更有可能获得成功。久而久之，这些研究成果就进入了公共领域，所有人都开始宣扬积极乐观的好处，音乐家、作家、治疗师、自助大师都是如此。

不过，几年前，一切都变了。

马萨诸塞州威尔斯利学院的心理学家朱莉·诺瑞姆把大部分时间和精力都用在了对悲观主义的深入研究上，她发现并非所有的悲观主义者都是一样的。通常来说，大部分的悲观主义者会把事情往最坏的地方想，觉得一切都是命中注定，而且不太可能给身边的人带去快乐。然而，诺瑞姆的研究发现，大约有三分之一的悲观主义者有一种不同寻常的思维模式，这种模式被称为"防御性悲观"。防御性悲观给负面的思维渲染上了积极的色彩。大部分悲观主义者会远离令他们感到紧张的事物，但防御性悲观主义者会先确认可能出现的问题，然后采取措施预防此类问题出现或者想好解决此类问题的办法。

我们可以通过举例深入探究一下防御性悲观。假设你正准备去参加一个重要的求职面试。如果你是乐观主义者，你可能会想面试一定会很顺利。同样的道理，如果你只是一个普通的悲观主义者，你可能会觉得面试估计不会顺利。然而，如果你是一名防御性悲观主义者，你可能就会想，在什么情况下面试会变成一场灾难？为了防止出现这些情况，你会采取哪些预防措施？你可能担心面试时迟到，所以决定早早出发。你也可能担心面试官会提出一些刁钻的问题，所以就花了一些时间把你最怕的所有问题给列了个清单，而且想好了如何回答这些问题。你还有可能担心自己到时候非常紧张，所以就提前请朋友和同事帮你排练了几次。简而言之，防御性悲观主义者采取了"假若……将会怎样"这种思维模式，人类就是借助这种思维模式才登上月球的。

现在请看一看你几分钟前填写的调查问卷，先把所有奇数陈述（1，3，5，7和9）的得分做个合计。这几项的总分能够反映出你到底是乐观主义者还是悲观主义者。如果你的总分比较低（介于5～10分之间），就表明你总喜欢看到生活美好的一面；如果你的总分比较高（介于20～25之间），那就说明你是一个比较悲观的人。

现在，请把所有偶数陈述（2，4，6，8和10）的得分做个合计。这几项陈述是心理学家朱莉·诺瑞姆研究时使用过的，这几项的总分能够反映出你的防御性悲观主义级别。如果你的总分比较低（介于5～10分之间），就表明你不太倾向于做应急计划；但如果你的总分比较高（介于20～25之间），那就说明你愿意去确认可能出现的问题，并思考每一个问题的最佳应对方式。

幸好有几个小技巧能帮你未雨绸缪，做最坏的打算，但又有最好的表现。你要做的就是进入思维的剧场，事先验尸，会见特洛伊国王的神秘女儿。

思维的剧场

有几个小技巧能帮你设想可能出现的场景，进而找出潜在问题的解决方案。或许最有效的方法就是学习阿波罗团队的做法，也就是进行彩排。有时候，对潜在的陷阱进行迷你模拟是完全可能的，比如说，如果你想写一本书，可以先尝试每天写一篇博文，坚持写一个月。再比如说，如果你想启动一个新项目，可以先尝试做一个原型去进行小规模的市场测试。再比如说，如果你正在权衡自由职业的利弊，可以先尝试在周末的时候为自己工作，看看情况如何。

不幸的是，有时候，进行彩排根本不可能或者根本行不通。不过，告诉你一个好消息，还有一个技巧是可以利用的，这个技巧很多运动员、音乐家、演员、首席执行官和企业家都用过，而且已被证明非常有效，那就是内心演练。

为了说明内心演练的使用方法，我们先来做个假设。假设你在工作中要做一次重要的演示，而且要用到 PPT。

1）首先，拿出一支笔和一张纸，找一个不会受到打扰的地方。在纸的中间画一条竖线，并在左栏的最上面写上"问题"两个字。

2）接下来，就要做一点内心演练了。花几分钟时间想一想演示会如何进行。你可能会设想一切进展都非常顺利，当你讲完，房间里爆发出热烈的掌声和欢呼声。抵挡住这种诱惑。我们的目标可不是提升你的自信心，让你充满希望，生活在阳光无比灿烂的幻想世界里。相反，我们的目的是让你面对现实，为可能出现的失败做好准备。

请写出演示中可能出现的 10 个问题。动笔吧。

问题

1.

2.

3.

4.

5.

6.

7.

8.

9.

10.

你都是怎么写的呢？典型的问题如下。

问题

1. 电脑无法连接到投影仪，所以大家看不到我的 PPT。

2. 话筒出了问题，大家听不到我的声音。

3. 开场时我可能非常紧张。

4. 我说话可能结结巴巴的。

5. 我的脑子可能突然间变成一片空白。

6. 我可能翻页太快，把一页本来还不该展示的 PPT 提前播放出来了。

7. 演示时我可能突然忘记自己说到哪里了。

8. 我说了个笑话，但根本没人笑。

9. 我可能说得太快了，讲完还剩余很多时间。

10. 时间到了大家必须离开，但我还没讲完。

3）你已经确认了几个可能出现的问题，现在要想想如何规避这些问题了，如果规避不了，那就想想一旦出现问题该如何应对。请在右栏的顶部写下"解决方案"四个字。逐一对照你在问题栏列出的问题，并设想最佳的规避办法或应对策略。把你的想法写在"解决方案"栏的对应位置。如果你为一个问题想到了多种解决方案，那就全部都写下来。

你都是怎么写的呢？典型的解决方案如下：

问题

1. 电脑无法连接到投影仪，所以大家看不到我的 PPT。

2. 话筒出了问题，大家听不到我的声音。

3. 开场时我可能非常紧张。

4. 我说话可能结结巴巴的。

5. 我的脑子可能突然间变成一片空白。

6. 我可能翻页太快，把一页本来还不该展示的 PPT 提前播放出来了。

7. 演示时我可能突然忘记自己说到哪里了。

8. 我说了个笑话，但根本没人笑。

9. 我可能说得太快了，讲完还剩余很多时间。

10. 时间到了大家必须离开，但我还没讲完。

解决方案

你能不能提前到达现场，检查下设备？

你能不能带上自己的迷你投影仪，以便应急？能否准备一个不用 PPT 也能讲的版本？

是不是你大声点说就可以了？

有没有简单的演讲版本，只要翻看 PPT 就能让大家明白你的意思？

告诉自己你不是紧张，只是太兴奋了，这样会有用吗？

或者做一个快速放松的练习，比如深呼吸？

或者提前准备好自己的开场白？

能不能先承认自己刚才有点儿没说清楚，然后继续说下去？

或者为自己准备好一个说辞，比如"我知道你们是怎么想的：这可不是一件容易说明白的事情"？

你能不能先对大家表示歉意，喝口水，然后再翻到上一页 PPT 接着讲？

你能否为自己准备一张卡片，把要点都写在上面？

你能否为自己准备好一个说辞，比如"我见过其他演讲者出现这种情况，当时还想他们是什么感觉：现在我知道了"？

你能否开个玩笑，比如"我们就当大家刚才没看到那页 PPT"？

你能回到上一页吗？

或者迅速看一眼自己准备的要点卡片？

或者承认自己断片了，然后问问大家你刚才说到哪里了？

你能否为自己准备好一个说辞，比如"大家通常都觉得这个笑话挺好笑的，不过我觉得你们是对的"或者"以后我再也不讲这个笑话了"？

你可以让大家提问吗？

如果没人提问，你可以主动说"大家最常问到的一个问题是……"，然后你就可以继续说点儿什么了。

你能否在旁边放一块手表或者一个小闹钟，并时刻留意时间进度？

或者在手机上设一个闹钟，提前 5 分钟响起？

如果没时间了，你能否直接翻到最后一页 PPT 结束演讲？

借助"假若……将会怎样"这种思维模式，你就能找出潜在的问题，并想好规避办法或应对策略。就像"阿波罗"11 号的模拟团队一样，你已经做了最坏的打算和最好的准备，并因此埋下了成功的种子。

像防御性悲观主义者一样思考不仅能帮你做好准备，还能够帮你把心中的焦虑感一扫而空。下次再为某件事情感到忧心忡忡时，先确认可能出现什么问题，更重要的是，再想想如何才能规避或化解这些潜在的问题。

事先验尸

无论是实际的彩排还是内心演练，都能很好地跟你内心深处的那个防御性悲观主义者建立联系。然而，这并不是唯一的方法。还有一种特别有效的技巧叫作"事先验尸"。这个技巧是心理学家和决策专家加里·克莱因发明的，由两个步骤组成。正常的验尸流程是：一个人去世，检验尸体，尝试找出死亡的原因。所谓"事先验尸"，就是你可以对任何项目或事业进行验尸操作，只不过是在项目或事业启动前进行。具体的做法如下：

第一步，你必须在脑海中做一次时间旅行。设想你旅行到了未来，发现你的事业一败涂地。问自己一个问题：事情为什么会搞得这么糟糕？你可以彻底放飞思绪，别给自己设限。如果你是在小组内进行"事先验尸"，那就要让每个人都可以畅所欲言，都可以提出任何可能存在的问题，不管这个问题听起来多么荒谬。如果你是自己做"事先验尸"，一定要实事求是。可能的问题包括没人参加你组织的活动、项目网站崩溃了、一位关键人物在最后一刻退出了。总而言之，你要假设"患者"已经去世了，所有事情都是一团糟。你的工作就是找出这种灾难性结果出现的原因。克莱因设计这个步骤的目的是让人们主动面对内心深处的那个魔鬼代言人，而不是被动地为看起来极度负面的结果担惊受怕。

第二步，选出最可能出现的 10 个问题，并尝试找出问题的解决方案。如果你想出的问题不止 10 个，那就把关注点放在跟任务关系最密切的 10 个问题上。

下次当你希望看到某个项目成功时，先花几分钟时间假设它已经彻底失败了。

卡珊卓情结及其他问题

在希腊神话中，特洛伊国王有一个美丽的女儿叫卡珊卓。有一天，真理之神阿波罗看到了卡珊卓，并且爱上了她，为了表达自己的爱慕之情，阿波罗决定送她一个礼物。凡人能想到的礼物通常是一束花或者一盒巧克力。然而，阿波罗的手笔很大，他赐予了卡珊卓预知未来的能力，但这也意味着卡珊卓的生活中不会再有什么惊喜了。不幸的是，卡珊卓对阿波罗并不动心，于是拒绝了他的求爱。恼羞成怒的阿波罗对她下了一个诅咒，他用自己的神力确保所有人都不会相信卡珊卓的预言。这就注定了她永远能够预知未来却无力说服人们她的预言将会变成现实。

有一次，卡珊卓告诉特洛伊人他们的城市将会受到攻击，一群希腊士兵会藏在一只巨大的木马里进入他们的城市。阿波罗的诅咒让所有人都对卡珊卓的话充耳不闻，她的预言完全没人听。随后希腊人就宣称他们准备结束打了10年的特洛伊战争，而且为了表示他们的诚意，决定送给特洛伊城一只巨大的木马作为礼物。看到木马后，卡珊卓抓起一个火把就冲了过去，希望能烧掉木马，但是诅咒发挥了作用，特洛伊人把卡珊卓推倒在地，然后把木马运到了城里。不久以后，一群希腊士兵偷偷地从木马里钻了出来，并摧毁了特洛伊城。

我们能够从卡珊卓的故事中学到很多东西。首先，如果你对某个希腊神的求爱不感兴趣，要想办法委婉地拒绝对方，别把他给激怒了。其次，也是更重要的一点，人们通常不喜欢听到关于厄运和苦难的预言。这种被称为"卡珊卓情结"的现象会给防御性悲观主义者造成一些问题。绝大部分人都不喜欢听别人说"所有事情都可能出问题，所以有必要准备应急方案"之类的话。此外，防御性悲观主义者也可能被误认为是杞人忧天或者能力不足。所以，在某些情况下，更明智的做法是把悲观的想法留在自己心里，或者尽可能别让其他人觉得你过于悲观，不要公开表示你只是特别谨慎而已，不要扮演魔鬼的代言人，也不要说你之所以担心是因为你特别在乎或者是因为你也是想帮助大家，只不过你看得更长远而已。

这还不是防御性悲观主义者面临的唯一问题。当你开始思考潜在的问题时，你的想法可能会变得非常极端。比如说，你可能会想象，当你在做演示时，突然投影仪朝你飞了过来或者突然房顶坍塌了。此外，你的思绪也可能完全失控。比如说，你可能会想："我可能会说错话，大家一定会取笑我。如果出现这种情况，老板肯定会觉得我是个傻瓜。我已经上了她的黑名单，这下彻底完蛋了。如果她把我开除了，我就付不起房租了，那就只能回家跟父母一起住。这绝对是一场灾难。"

为了避免这两种情况，不要浪费时间去想那些根本不可能发生的事情，要把关注点放在解决方案上，而不是从一个问题引申出另一个问题。

最后，偶尔你也会遇到显然无解的问题，这可能会让你特别担心。如果这个问题真不是你能够控制的，就不要花时间担心它了，因为很显然你对此无能为力。如果你需要一些启发，可以回到上一章，看看当"阿波罗"8号第一次跟地面失联时飞行主管格林·伦尼是怎么做的。三名宇航员消失在了月球背面，而且必须非常精准地让发动机点火燃烧。此时任务控制人员什么也做不了。伦尼没有任由大家坐在那里忧心忡忡，而是告诉大家刚好可以借此机会好好休息一下。下次当你面对无法控制的情形时，想想伦尼和他的团队，找点儿事情转移自己的注意力。

小结

通常来说，悲观对你没什么好处。然而，防御性悲观对你是有帮助的，因为它能够激励你去设想可能出现的问题，进而想出有助于解决问题的应急方案。要想激发出这种思维模式，你可以：

★ 想办法创建你自己的阿波罗模拟团队，帮助你应对可能出现的各种问题。你可以进行实际的彩排，也可以进行内心演练。这么做不仅能让你做好充分的准备，而且还有助化解你心中的焦虑感。

★ 进行"事先验尸"。设想你的项目已经失败了，然后想一想：到底是哪里出了问题？为什么会出现这些问题？为了防止出现这些问题，你能做什么？

★ 防御性悲观是一种强大的思维模式，但不要走极端。想办法慢慢强化你的担心，不要让你的思绪完全失控，也不要浪费时间去担心你根本无法控制的事情。

第 **8** 章

奥尔德林和折断的开关

宇航员们是如何想方设法返回地球的?

如何从容应对意料之外的情况?

　　按照计划,阿姆斯特朗和奥尔德林会先好好睡一觉,然后才会走出登月舱、踏上月球表面。结果不出所料,两名宇航员实在太兴奋了,他们迫切地想要探索这片新的土地,所以决定省掉睡眠环节,直接出去探险。

　　他们要面对的是极端恶劣的环境。月球上几乎没有任何大气,所以无法反射或吸收太阳的能量。白天时,火辣辣的阳光会让月球表面的温度达到 100 摄氏度以上,但在太阳照射不到的地方,或者到了夜晚,月球就会变成太阳系中最寒冷的地方之一,温度会直接降到零下 170 摄氏度以下。

　　极端的昼夜温差还只是冰山一角。两名宇航员还必须面对微小陨石的袭击——这些来自太空的小石头会以惊人的速度撞向月球表面,它们的冲击力远远超出自身的重量,月球表面的灰色粉末就是无数微小陨石把岩石彻底击碎后形成的。还有更糟糕的,月球上没有氧气,也没有气压,所以任何波段的电磁辐射都可以到达月球表面,有些辐射极度危险。

　　由此可见,要想去月球上漫步,仅仅准备一件保暖的外套和一双合脚的鞋子可远远不够。事实上,这是一个把准备工作做到极致的生动案例。阿姆斯特朗和奥尔德林的人身安全取决于一套服装,这可是有史以来最精密、最昂贵的套装之一。每套太空服的成本大约是 10 万美元（相当于今天的 70 万美元），如果太空服的任何一个地方出了问题，后果都将是致命的。

宇航员们的内衣是一件紧身连体衣，里面含有长达几百英尺的细管。在他们漫步月球时，冷水会持续在这些细管中循环，以防止宇航员出现体温过高的情况。

太空服由很多层高科技材料组成，制造商是国际乳胶公司（他们最著名的产品是倍儿乐文胸和束身衣）。每套太空服均为量身定制，由手艺精湛的女裁缝手工缝制，对接缝的精度要求极为苛刻，有些接缝的针脚还不到一毫米。要知道，毫厘之差可能就是生与死之间的距离。当宇航员们走出登月舱时，他们的太空服会自动充气膨胀，为他们创造一个透气、加压的环境，所以必须确保多层的服装没有任何漏洞或弱点。宇航员吉姆·洛弗尔对一名女裁缝说过这么一句话："当我在月球上时，我可不愿意看到自己的裤子破了。"人们吸取了"阿波罗"1 号大火带来的沉痛教训，太空服的最外层使用了由聚四氟乙烯纤维制成的布料，这种布料不仅能承受 1000 华氏度的高温，而且还能确保宇航员们不会因为太阳辐射和微小陨石的撞击受到致命的威胁。

宇航员们的手套也非常复杂，里面的电缆不仅可以提供结构支撑，而且可以确保在真空环境中也能灵活挥动，指尖部分使用的是硅胶材质，方便宇航员们操纵各种物件，最外面采用钢纤维制成的布料，不会被岩石或工具割破。手套通过大型的金属环跟太空服的手臂部分紧紧连接在一起；厚重的筒靴则可以确保宇航员随时都能把双脚牢牢地踏在月球表面上。

最后，每名宇航员都需要背上一个大型的背包，里面含有氧气供应装置、压力维持装置，以及确保冷水可在内衣中不断循环的装置。在一切正常的情况下，这套独立的生命支持系统最长可让他们在月球上停留 4 小时。

登月备忘录
主题：阿波罗、弹球游戏和"轨道器"1 号

宇航员们使用的手套是迪克西·莱因哈特设计的，他是一名工程师和发明家。跟参与阿波罗项目的很多人一样，迪克西小时候也对火箭非常痴迷，而且有很多新的发明。他玩的可不是小孩子的游戏，有一次，他在捣鼓火箭时把家里的窗户都给震飞了，地下室的墙上也因此多了一道巨大的裂缝。

迪克西后来进入了国际乳胶公司，花了很多年设计宇航员使用的手套。阿姆斯特朗和奥尔德林历史性的月球漫步也有他设计的手套的功劳，他也是阿波罗太空服的官方专利证书上列出的八个人之一。

阿波罗项目结束后，迪克西继续研发跟手套有关的技术，并发明了一种独特的劳保手套，这种手套用起来非常方便，结果卖出了数百万双。迪克西还有其他的发明，20 世纪 70 年代末，他和同事发明了一种名为"轨道器"1 号的弹珠游戏机。这是第一款也是唯一一款曲面弹珠游戏机。这种古怪的设计灵感源于爱因斯坦的时空扭曲设想，样子看起来跟月球表面的地形差不多。阿波罗宇航员沃利·施艾拉曾安排他到迪士尼乐园做过一次演示，随后他就想到了这个主意。有些评论家表示"轨道器"1 号跟他们见过的所有弹珠游戏都不一

样。用迪克西的一位同事的话说，那是因为这个游戏机的发明者对弹珠游戏一无所知。

迪克西的热情、激情、想象力和好玩的天性对他的工作来说至关重要。我们也不止一次地看到，这些性格特质在阿波罗项目中也扮演了重要的角色。

地球外最伟大的表演

在月球表面着陆几小时后，两名宇航员已整装待发，几分钟后，他们就要创造历史了。在几十万千米外的地球上，全世界都在惊奇地注视着他们的一举一动，娱乐周刊《视相 Variety》将其描述为"地球外最伟大的表演"。

在美国，哥伦比亚广播公司安排了一档长达 31 小时的"超级"节目，由美国最负盛名的新闻节目主持人沃尔特·克朗凯特担纲主持。美国广播公司也做了一期马拉松式的网络直播，整档节目由几个跟太空相关的环节组成，其中包括经典美剧《阴阳魔界》的创始人罗德·瑟林主持的科幻作家讨论会，艾灵顿公爵表演专为登月创作的曲目《月亮仙子》。广播覆盖了全美国的大屏幕。为了纪念这一盛举，中央公园的绵羊草坪被重新命名为"月亮草坪"，每一个想要吸引公众眼球的人都被敦促要穿白色的衣服。

在英国，独立电视台播出了一档长达 16 小时的节目——大卫·弗罗斯特的"月亮派对"。派对中既有新闻也有娱乐，除了及时播报登月的最新进展外，还插播了各种轻松愉快的娱乐节目，其中包括词作家卡拉·布莱克演唱她的最新单曲，喜剧演员埃里克·塞克斯表演喜剧小品《来自曼彻斯特的斗牛士》。

其他的精彩节目还包括：一位来自伊斯特本的观众询问专家利用月球上的尘土是否能种出超级大的南瓜，历史学家艾伦·约翰·珀西瓦尔·泰勒和艺人小塞米·戴维斯共同探讨载人航天飞行的伦理学问题。

英国广播公司推出的节目相对来说要严肃一些。摇滚乐队平克·弗洛伊德演奏了即兴创作的歌曲《月亮头》，一些著名演员朗诵了跟月亮有关的诗篇，大卫·鲍伊的歌曲《太空怪谈》配上了阿波罗任务的连续镜头（具有讽刺意味的是，很多音乐评论家认为鲍伊创作这首歌曲的目的是给"太空热"开一剂解药，歌词说的是一名身体上和心理上都已经迷失太空的宇航员）。全球各地都播出了类似的电视节目，观众总数超过了5亿人，这也让登月成为有史以来观看人数最多的大事件。整个世界都在为月亮痴狂。

1969年7月21日，阿姆斯特朗打开了登月舱的舱门，然后缓慢地扶着梯子走下了登月舱。为了尽量减轻登月舱的重量，他们使用了铝制扶梯。如果是在地球上，这个脆弱的扶梯可能根本承受不住阿姆斯特朗的体重。快走到扶梯尽头的时候，阿姆斯特朗打开了登月舱外部的电视摄像机，开始向地球传输低分辨率的黑白图像。

英国广播公司的节目邀请了著名科学记者詹姆斯·伯克共同主持，那次历史性的广播还清晰地印在他的脑海中：

"登月发生在英国的午夜时分，半个国家的人都没睡，都在看直播。我们承受着巨大的压力，因为想把一切描述清楚。最初什么也看不到。当阿姆斯特朗沿着扶梯往下走时，摄像机根本拍不到他，直到他把一只脚踏上月球表面的最后一刻才出现了图像。我能从耳机里听到导演对我说'描述一下我们看到的东西'。可是这些东西以前谁也没见过，所以很难描述清楚！"

全世界都心怀敬畏地看着一个白色的身影缓缓下到了扶梯的底部，然后试探性地踩了踩布满灰尘的月球表面。有史以来第一次，人类在月球上留下了自己的足迹。片刻之后，阿姆斯特朗说出了那句名言："这是我个人的一小步，却是人类的一大步。"阿姆斯特朗说由于静电噪声的干扰，听起来他没有说 a 这个冠词（That's one small step for man, one giant leap for mankind.），但实际上他说了（That's one small step for a man, one giant leap for mankind.）。不管怎么样，对阿姆斯特朗来说这可不是一小步。当他驾驶登月舱着陆时，动作过于柔和，所以减震器没有完全打开，结果他只能从扶梯上跳下来，所以他这一小步的实际距离接近 4 英尺。

对此，詹姆斯·伯克的记忆同样深刻：

"对播音员来说，这是一个艰难的时刻。我能想到的最糟糕的情况就是不小心抢了宇航员的话头，但我根本不知道他们什么时候会说话。所以我脑子里同时想着两件事情，一是要不停地说话，二是要随时做好闭嘴的准备。我可不希望自己在阿姆斯特朗说出'这是我个人的一小步'时还在喋喋不休，所以我根本顾不上欣赏正在发生的这个伟大时刻，我更关心的是自己不要把事情搞砸了。随后我们才意识到，这是多么壮观的一刻啊。"

最周密的计划……

阿姆斯特朗报告说月尘的厚度仅为几英寸，他还采集了一些岩石样本。大约 20 分钟后，奥尔德林也下来了，两名宇航员开始了月球漫步。他们先在月球上放了一块不锈钢的纪念牌（"1969 年 7 月。来自地球的人类首次踏上月球。我们为了全人类的和平而来。"）。

随后他们匆忙地在月球表面插上了一面美国国旗，国旗的顶端藏有一根水平的横杆，使旗子在无风的情况下依然能够展开，看起来好像在迎风飘扬的样子。接下来，两名宇航员接听了一个超长途电话，跟尼克松总统聊了一会儿（尼克松："你们从宁静海传来的声音，鼓舞我们加倍努力，让和平和静谧遍布地球。"）。最后，他们开始四处活动，又采集了更多的月尘和岩石样本。

他们的所有活动都通过电视直播传回了地球，同时也用一台特别设计的相机拍摄了静态影像，以便留给后人观看。他们用这台相机拍摄了 100 张左右的照片。由于大部分时间都是阿姆斯特朗在操作相机，所以其中 20 多张令人印象深刻的照片上都是奥尔德林在执行各种任务，阿姆斯特朗本人甚至都没留下一张类似的照片。其中最具标志性的一张照片是奥尔德林站在月球表面，看起来那么渺小、那么脆弱。多年以来，这张照片无数次出现在图书、杂志和网站上。如果你仔细看，就能在奥尔德林的金色面罩上看到阿姆斯特朗的身影。在这段历史性的旅行中，第一个登上月球上的人没能成为照片中的主角，但如果换一个角度看，他却在无意间完成了一次终极"自拍"。

两名宇航员在月球表面停留了两个多小时，随后返回登月舱。

看起来，"阿波罗"11 号任务的进展非常顺利。然而，问题已经隐藏在暗处。当阿姆斯特朗和奥尔德林在登月舱内四处活动时，其中一个人不小心撞到了墙上，把一个断电器开关露在外面的部分给折断了。不幸的是，这个开关对激活登月舱升空发动机而言至关重要，如果发动机无法启动，他们就无法离开月球。更糟糕的是，为了尽可能减轻登月舱的重量，里面放置的工具极为有限。人们为登月做了紧张而全面的准备，但现在，要想让宇航员们安全回家，每个人都要随机应变、迅速做出决定了。

稍后我们再来说说阿姆斯特朗和奥尔德林陷入的困境。

如何应对突发事件

为了尽可能搞清楚任务期间可能出现的各种问题，阿波罗团队投入了大量的时间和精力，他们要确保为每一种可能出现的情况做好应对方案。然而，他们不可能预见所有的问题，所以宇航员们和任务控制人员经常被迫应对突发事件。其中最著名的一次突发事件是在后来的"阿波罗"13 号任务中出现的。

1970 年 4 月 11 日，宇航员吉姆·洛弗尔、弗莱德·海斯和杰克·斯威格特从肯尼迪航天中心发射升空。任务开始后的第二天，宇航员们听到一声巨响，斯威格特随后说出了那句名言："休斯敦，我们遇到麻烦了。"（在好莱坞电影《阿波罗 13 号》中，把这句话的原文"Houston, we've had a problem here"说成了"Houston, we have a problem"。）这次爆炸损坏了一些设备，很快，指令舱就进入了缺氧、缺水、缺电的状态。形势看起来非常危急。

任务控制人员表现得沉着而冷静，他们指挥宇航员们先关闭了几个电力系统，以便节省电力，然后要求他们严格控制饮水量。不幸的是，供暖系统受到影响后，飞船内的温度已接近冰点，弗莱德·海斯也因缺水出现了尿路感染。接下来，三名宇航员被要求进入登月舱，因为登月舱有独立的氧气供应，可以当作高科技救生艇使用。

更糟糕的是，另一个潜在的致命问题也出现了。登月舱的过滤系统会吸入空气，然后借助一个含有化学物质的滤罐把空气中的二氧化碳过滤掉，最后把过滤后的空气重新送入登月舱。按照设计，过滤器只能处理两名宇航员两天内排出的二氧化碳，根本无法处理三名宇航员 4 天内排出的大量二氧化碳。当二氧化碳的浓度达到一定程度时，三名宇航员将面临中毒身亡的危险。

好消息是指令舱里也有一套类似的过滤系统，而且处理二氧化碳的能力更强。坏消息是登月舱的过滤器使用的是圆柱形接口，但指令舱的过滤器使用的是方形接口。任务控制人员急需解决的问题是：如何把一个方形的过滤器塞到一个圆形的洞里。

地面上的工程师们聚在一起开动脑筋，并最终想出了一个极具创造性的解决办法。他们指导三名宇航员用一块从文件夹上撕下的纸板、一些塑料薄膜、一卷强力胶带和一条毛巾做成了一个连接两种过滤器的适配器，成功把方形的过滤器接到了登月舱的过滤系统上。登月舱里的二氧化碳水平迅速下降，宇航员们终于可以松口气了。最终，三名勇敢的宇航员顺利返航，他们乘坐的指令舱安全溅落在太平洋。爆炸事故发生后，他们被迫调整了飞行轨道，这也使得"阿波罗"13 号的三名宇航员创造了最大太空飞行高度纪录。

登月备忘录
主题：金额 312421.24 美元的发票

"阿波罗"13 号任务结束后，一名帮助建造登月舱的工程师跟指令舱的制造商北美洛克威尔公司开了个玩笑，他给这家公司寄去了一张发票。

发票中的收费项目是把指令舱从太空拖回地球的费用（每英里收费 1 美元），外加给电池充电的额外成本和登月舱多搭载一名乘客的成本——合计为 312421.24 美元。

北美洛克威尔公司请审计人员对发票进行了审计，然后发表了一份声明，说此前的多次任务中指令舱都为登月舱提供了往返月球的摆渡服务，他们也要收取相应的费用。很显然，北美洛克威尔公司也是在开玩笑。

任务控制人员凭借出色的随机应变技巧多次拯救了阿波罗任务。

在后期的任务中，宇航员们带去了一辆月球车，借助这辆月球车，他们可以到更远的地方进行探索。在执行"阿波罗"17 号任务期间，宇航员吉因·塞尔南和杰克·施密特在月球上做准备工作时不小心把月球车的后挡泥板给撞掉了一块（塞尔南："啊！你一定不会相信。那儿有个挡泥板。"施密特："哦，该死！"）。两名宇航员用强力胶带把挡泥板重新给粘上了，然后在月球上探索了 4 小时。不幸的是，这种修复方式并不完美，各种问题开始接踵而来。月球车会扬起大量月尘，挡泥板的作用减弱后，宇航员的太空服和仪器设备上都落满了深色的粉末。结果导致太空服和仪器设备吸收了过多来自太阳的热量，然后开始发生故障。

　　塞尔南和施密特回到了登月舱，按照计划，他们现在需要睡一觉了。任务控制人员继续研究如何应对出现的问题，到了第二天早晨，任务控制人员已经想出了一个绝妙的主意。他们让宇航员们用强力胶带把四张地图叠在一起，然后再固定到月球车上作为挡泥板使用。事实证明，这个绝妙的创意很成功，随后的任务进展非常顺利。宇航员们把这个临时制造的挡泥板带回了地球，目前存放在华盛顿特区史密森学会下属的美国国家航空航天博物馆。

　　灵活的思维方式把"阿波罗"13号的宇航员们安全带回了地球，也为"阿波罗"17号的宇航员们提供了一个切实可用的月球车挡泥板。但这种思维方式能帮助阿姆斯特朗和奥尔德林从月球表面升空返航吗？

灵活性至关重要

　　"阿波罗"11号的登月舱使用的是按钮式断路器。其中一个断路器按钮的末端被宇航员不小心给折断了，遗留下的开关就嵌在了仪器里。要想激活登月舱的升空发动机，就必须把按钮给按下去。然而，断路器可是电路的一部分，奥尔德林肯定不想把自己的手指伸进去，当然也不能用任何金属物体去按。

　　随后奥尔德林想到了一个主意。阿波罗宇航员们都配备了一支高科技的太空笔，这支笔是专门针对零重力环境设计的。但奥尔德林对这支笔不太感兴趣，他还是更喜欢使用毡尖笔。他突然想到自己的肩袋里刚好有一支毡尖笔，他就想是不是可以派上用场。令人惊喜的是，这支笔的尖头刚好可以插进去，断路器的开关被成功按下，为登月舱的升空发动机顺利点火做好了准备。

两名宇航员在接下来的几小时里睡了一觉。奥尔德林是蜷缩在登月舱的地板上睡的，而阿姆斯特朗是躺在升空发动机的盖上睡的。阿姆斯特朗还即兴发挥想到了另一个点子：他在登月舱里拉了一根带子，睡觉的时候可以把腿放在上面，这样就舒服多了。

在地面上，不少任务控制人员也利用这段时间好好休息了一下。飞行主管格里·格里芬还记得当时跟一名同事走到任务控制中心的停车场聊天的情形：

"宇航员们完成月球漫步时正是清晨，当时天还有点儿黑。我走到外面，休斯敦 7 月的天空非常晴朗。我抬头看着天空中的半月对我同事说：'我们把几个家伙送到了那儿，送上了月球，他们现在就在那儿。太奇妙了。'就是这样，说完后我们就分别走向了自己的汽车！我想大家都有一种放松感和自豪感。但最重要的是，我们想抓紧时间睡一会儿，睡醒后再继续奋斗，把他们带回地球。"

几小时后，任务控制人员回到了控制台前。阿姆斯特朗和奥尔德林也睡醒了。两名宇航员开始逐一核对升空前的注意事项，奥尔德林的修理工作堪称完美（休斯敦："请知晓，升空发动机断路器的电路看起来没问题了。"奥尔德林："收到。我觉得即便现在想把它拿出来也做不到了。"）升空发送机只有一台，而且剩余的燃料也是固定的。如果推进装置失效，阿姆斯特朗和奥尔德林就会被困在月球上，而科林斯将会独自回家。

发动机点火前大约 20 分钟，奥尔德林联系了任务控制中心并宣布说："休斯敦，我们已排在跑道的第一位。""阿波罗"11 号的第三名宇航员迈克尔·科林斯此刻正独自待在指令舱中，他也担心自己的两个朋友能不能安全从月球返回。他后来在《传播火种》一书中描述了自己的经历：

"在过去的 6 个月里，我内心深处始终笼罩着一种恐惧感，我担心被迫把他们留在月球上，然后自己一个人返回地球。现在，再过几分钟，我就知道答案了。如果他们无法从月球起飞，或者在返程时坠落到月球上，我不会选择自杀；我会回家。"

阿姆斯特朗和奥尔德林给升空发动机点火后，登月舱的上半段开始缓缓上升。就在他们离开月球表面时，奥尔德林从窗口往外面看了看，结果看到他们插的国旗已经被飞行器底部喷出的气流给吹倒了。

阿姆斯特朗和奥尔德林在绕月轨道跟科林斯所在的指令舱成功交会。登月舱的上半段随即被抛弃，他们飞到月球背面后，再次给发动机点火。依然只有一次成功点火燃烧的机会：如果失败了，他们要么会飞向深空，要么会迅速撞向月球表面。幸运的是，点火燃烧过程非常顺利，三名宇航员逐渐远离月球，开启了回家的漫漫旅程。

1969 年 7 月 24 日，"阿波罗"11 号以每小时约 3.9 万千米的速度进入大气层。虽然赶上了暴风雨，但宇航员们顺利打开了指令舱的降落伞，随后在太平洋溅落。当时的天气很糟糕，他们在训练时从未遇到过如此大的海浪。最后，救援直升机找到了他们，并把他们全部救出。在任务控制中心，有人在挥舞手中的国旗，有人点上了雪茄，大家拍着彼此的肩膀。1961 年 5 月，肯尼迪总统出现在国会，描绘了一个雄心勃勃的愿景，宣布说要在 1970 年之前把一名美国人送上月球。令人惊喜的是，阿波罗团队最终实现了肯尼迪的目标，完成了一项看似不可能完成的任务。

尼克松总统亲自到航空母舰上欢迎阿姆斯特朗、奥尔德林和科林斯返回地球，他当时就宣布说："这是自创世以来最伟大的一周，正因为有了你们的努力，整个世界才能变得如此亲近。"

隔离了大约 3 星期后，三名英雄在纽约参加了盛大游行，受到了民众的热烈欢迎，人群中不时爆发出雷鸣般的掌声和欢呼声。

为了减轻登月舱从月球表面升空时的重量，宇航员们把几件物品留在了月球上，其中包括厚重的筒靴、背包和尿袋。不过，奥尔德林把他的毡尖笔带回了地球，跟那个折断的开关一起放在了他的办公室里。这支笔和这个开关时刻都在提醒我们，灵活的思维方式对于登月的成功是多么重要。

遇到意料之外的波折时从容应对

我们先来做一个简单的调查问卷。阅读下表中的 10 个句子，用数字给每个句子打分，看看句子的描述跟你本人的匹配度如何，其中数字 1 代表"不，这根本不是我"，数字 5 代表"哇，没错，我就是这样的"。

你的打分

1. 我在工作中真的喜欢结识新的面孔。
2. 我度假时很少去自己去过的地方。

3. 在工作中，我发现给一个问题找出很多不同的解决办法并不难。

4. 我发现自己很少用一个词给自己的朋友打标签，比如"和蔼"或者"不可靠"。

5. 在工作中，当我需要捍卫某个决定时，我发现自己很少会说："这种事情一直就是这么做的啊。"

6. 我的朋友们从来不会说我是个固执的家伙。

7. 当同事们向我传递新的信息时，我通常就会改变主意。

8. 周末的安排我都是随性而为，而不是提前做好规划。

9. 一成不变的工作会让我感到厌倦，我喜欢各种新的、不熟悉的场景和挑战。

10. 假设我已经做好了跟朋友们晚上一起出去的计划，但他们临时改变了主意，觉得我们应该另作安排，在我看来这也没什么问题。

我们一会儿再来说这个调查问卷。

在流行美剧《百战天龙》中，秘密特工安格斯·马盖先掌握了无比丰富的科学知识，而且总能把身边的物体跟这些知识相结合，一次次死里逃生。在其中的一集里，他面临的情形是一个巨大的桶上出现了一个大裂缝，桶里的硫酸可能出现泄漏。我们的英雄知道酸和糖发生反应后会生成黏稠状的残余物，于是就把一个巧克力棒塞到了裂缝里，从而化解了危机。在另一集里，马盖先被困在了一个小型冷库里。他用一个电灯泡融化了一些冰，然后把冰水灌进了门锁里。当水重新结冰时，体积会膨胀，于是就把锁给撑开了。马盖先凭借一系列壮举吸引了无数忠实的追随者，最后他的名字竟然被作为一个动词收入了词典（"创造性地利用身边的物品制造或修复某种物体"）。

在现实世界中，这种富有创造性的即兴思维方式有时能够救命。2013年12月，詹姆斯·克兰顿和克里斯蒂娜·麦肯蒂正驾车穿行在内华达州北部一片相对孤立的地区，同行的是他们的两个孩子还有侄子和侄女。不幸的是，他们的吉普车撞到了一块冰上，然后冲出路面发生侧翻。很快气温就骤降到0摄氏度以下，而且手机也没有信号，这对夫妻开始担心每个人的安全。詹姆斯·克兰顿和克里斯蒂娜·麦肯蒂认为他们的亲戚肯定会报警，但现在他们只有身上的外套可以保暖，在救援人员抵达之前，他们有可能会冻伤。克兰顿的即兴思维拯救了他们。首先，夫妻俩让孩子们都躲到侧翻的吉普车里抱团取暖。随后，克兰顿找来了一些柴火和木头，在吉普车备用轮胎的中间位置生了一小堆火。最后，克兰顿往火堆里扔了一些小石头，然后在吉普车和轮胎之间来回搬运这些小石头。石头的余热能帮大家取暖。两天后，他们获救了。救援人员惊喜地发现，六个人竟然都没有严重受伤。

心理学家设计出了几种调查问卷来测量人的适应能力，你在这一节的开头做的问卷就是其中之一。事实上，这份问卷衡量的就是你在工作场所和个人生活中的适应能力。先把所有奇数陈述（1，3，5，7和9）的得分做个合计。这几项的总分能够反映出你在工作场所的适应能力。再把所有偶数陈述（2，4，6，8和10）的得分做个合计。这几项的总分能够反映出你在个人生活方面的适应能力。无论是哪种合计，如果你的总分介于5～19分之间，就说明你习惯于用一种刻板的方式看待自己和他人，你更喜欢一切都井井有条，而不是充满不确定性。相反，如果你的总分介于20～25分之间，就说明你喜欢拥抱变化，而且很容易就能适应新的环境。

借助这些调查问卷，研究人员开始着手研究即兴思维在工作场所会带来怎样的影响。在一项研究中，英国的研究人员调研了 400 多名在金融服务业就职的员工，结果发现，思维灵活的员工会觉得更能把控自己的工作，心理上更加健康，工作效率也更高。进一步的研究表明，他们感觉到的压力也更小，出勤率更高，换工作也更容易。现在，组织变革的节奏也在不断加快，考虑到这一点和前面提到的研究成果，应对变化、接受新事物和创造性工作的能力越来越受到雇主的重视。事实上，最近的一项调研表明，大多数招聘官都认为，未来所有的组织都会把员工应对突发事件的能力作为首要考虑因素。

受这些研究成果的启发，英国赫特福德郡大学的心理学家本·弗莱彻开始探究同样的概念会如何影响人们的个人生活。弗莱彻发现，日常生活中的很多问题都源于人们的思维不够灵活，已经变成了习惯的奴隶。举例来说，如果人们习惯了多吃少动，那他们的体重很快就会超标。同样的道理，如果他们总去同样的地方跟同样的人聊天，那他们就很难交到新的朋友、找到新的恋人。如果他们一有压力就要点根烟，那他们很快就会成为终身吸烟者。

弗莱彻和心理学家凯伦·潘合作进行了一项研究，他们想知道：如果人们能够采取更灵活、更有创意的生活方式，结果会怎样？有一次，弗莱彻和潘招募了一组想要减肥的志愿者。他们要求一半的志愿者打破自己的日常生活习惯，比如换一种类型的电视节目观看，选择一条不同的路线去上班，或者培养一种新的爱好。另一半志愿者可以继续按照他们自己喜欢的方式生活。结果发现，虽然他们没有要求"更加灵活组"的志愿者减少摄入的热量或者参加更多的体育锻炼，但这些志愿者已经摆脱了习惯的束缚，变得更容易接受健康饮食，最终也的确减掉了更多的体重。其他研究也表明，同样的方式还可以用来帮助人们戒烟，让人们变得更加快乐，甚至有助于他们找到梦寐以求的工作。

无论是在工作中还是生活中，我们每个人都会遇到突发事件。事故总会发生。市场会改变。人也会改变。即便做了最完美的计划，这些不确定性也会让我们偏离既定的轨道，让一切变成未知数。阿姆斯特朗和奥尔德林从月球升空时就遇到了这种情况。他们不小心把升空发动机的触发开关给折断了，没有任何计划告诉他们接下来该怎么办。奥尔德林此时只能选择活在当下，看看手头有什么东西能派上用场。使用毡尖笔的主意非常巧妙，也非常有效。

不幸的是，就即兴思维而言，奥尔德林只是一个特例，而不是惯例。大部分人都是习惯的奴隶，每天都过着一成不变的生活。然而，告诉大家一个好消息——让自己能够以更灵活的方式看待这个世界并不是难事儿。你要做的仅仅是：练习思维瑜伽、见一个神秘的陌生人、愿意通过掷骰子让自己孤注一掷。

思维瑜伽

如果去上瑜伽课，你的身体就会变得更加灵活。同样的道理，通过做不同的事情也能让你的思维变得更加灵活。举例来说，在一次实验中，荷兰心理学家西蒙·里特要求志愿者们利用黄油和巧克力豆来做一份三明治。他要求第一组志愿者按照传统的方式制作三明治，但要求第二组志愿者打破常规，先把巧克力豆放在一个盘子里，然后给面包片抹上黄油，最后把面包片（有黄油的一面朝下）放到巧克力豆上。做成三明治后，他给两组志愿者都做了衡量思维灵活性的测试，结果显示，第二组志愿者的得分明显要高一些。

其实在生活中也是一样。心理学家弗莱彻的很多学术研究工作都旨在帮助人们提升适应能力。他的大部分工作都涉及不断把人们带出舒适区，让他们去接触预料以外的事物。弗莱彻研发了一个训练项目，名为"做点儿不一样的事情"。在这个项目中，他会不断赋予志愿者各种新奇的体验。他跟很多机构和个人都合作过，他的研究工作表明，经常遇到无法预料的情况能够让一个人的思维变得更加灵活。

要想充分利用这种方法，你可以每星期拿出一天的时间做一些你从未做过的事情。下面的这几个小提示能够让这个练习变得特别有效。

打破习惯： 试着改变某个根深蒂固的习惯。比如说，你可以尝试一星期不看电视、品尝新的食物、听听最新潮的音乐、参观一个你从未去过的博物馆或美术馆、在健身房采用一种新的训练方式、到一个你从未去过的商店买点儿东西。如果你的控制欲很强，就尝试让你的伴侣或朋友替你规划一天的日程，而且不需要征求你的意见。如果你习惯于对机遇说"不"，可以试试在一星期的时间内敞开心扉，对所有的事情统统说"是"。

跟你内心深处的小丑建立联系： 当你放松或开心的时候，你的适应能力会特别强。跟你内心深处那个适应性很强的小丑建立联系，比如尝试赋诗一首、在 15 分钟内写一个短篇故事、在一张纸上胡乱涂写然后把它变成一幅画、不看提示完成一次填字游戏、在房间里走太空步、跟别人做一次长聊但整个过程都不说"我"、看一部你认为看完就会对它恨之入骨的电影、打造一个沙发要塞并跟孩子们一起在里面过夜。

广泛接触方方面面的人和事： 研究表明，富有创意的企业家们都倾向于跟不同的群体建立广泛的联系，多元的认知和丰富的知识有助于他们以更灵活的方式看待这个世界。同样的道理，在你的生活中，也可以尝试扩大接触面。想办法让你的社交圈变得更加多元化，包括身边的熟人、同事和朋友。团队合作也是如此。几年前，研究人员审视了人们开发新的产品或服务的方式跟团队合作的关系。有些人总能想出新意十足的点子（"创新者"），而另外一些人更喜欢采用现有的想法（"适应者"）。研究人员衡量了不同团队的整体效率，分别是由清一色的创新者组成的团队、全部由适应者组成的团队以及两种思维模式的人混搭的团队。结果发现，混搭团队的整体效率要远远高于仅由一种思维模式的人组成的团队。

旅行： 最后，请记住，旅行能够开阔视野。几年前，西北大学凯洛格商学院的威廉·麦达克斯教授做过一项研究，他首先询问一组志愿者他们在国外生活过多长时间，然后让他们列出日常用品的各种用途，看谁想出的用途更多。结果表明，多元化的确是加分项，志愿者在国外生活的时间越长，他们的思维就越灵活。获得这种优势其实并不是那么难，你也不是非得去环游世界。在另一项研究中，麦达克斯仅仅让一些法国学生回忆了自己的一次出国经历，结果他们的思维也变得更加灵活了。

你可以每天都做一做思维瑜伽，久而久之，就能对突发事件应付自如了，不管发生什么样的变化，你都能很快适应。

见一个神秘的陌生人

要想强化自己的适应能力和即兴思维，可以试试下面这个有趣的挑战。

假设你正一个人静静地坐在酒吧里，这时，一个神秘的陌生人走了过来，从口袋里掏出三样东西，放在了你面前的桌子上：一支蜡烛、一盒火柴和一盒图钉。陌生人点亮了蜡烛，然后向你发起了一项挑战，问你能不能把点着的蜡烛安全地固定在墙上，并且还要保证蜡不会滴到地板上。

你会如何应对这个挑战？

————————————————————————————————

————————————————————————————————

你可能会想到用图钉把蜡烛钉到墙上或者用刚熔化的蜡把蜡烛粘到墙上，然而，这两种方法都行不通，因为蜡烛离墙太近了，最后熔化的蜡一定会滴到地板上。你可能还会想到找学工程的朋友设计一个盛放蜡烛的装置，或者去酒吧的后面看看有没有什么东西能派上用场。

如果你的确想到了上述这些方法，请再认真读一读这个挑战的要求，看看能否想出其他的解决办法。答案其实很简单，不过的确需要一些创造性的思维，也就是帮助马盖先逃出各种险境的那种思维。

这个挑战被称为"卡尔·登克尔的蜡烛问题"，是心理学家卡尔·登克尔在 20 世纪 40 年代设计的一个实验，迄今已经有数万人参加过这个实验了。你想到解决办法了吗？其实最简便可行的办法就是把盒子里的图钉倒出来，然后用几个图钉把这个盒子钉到墙上，最后把点着的蜡烛放在盒子上就好了。

大约只有 40% 的人能想到这个简单的办法。为什么会这么少呢？因为人们从小看到的盒子都是用来盛放东西的，不知不觉中他们的大脑就形成了思维定式，结果就是，简单的办法虽然就在眼皮底下，他们却视而不见。

灵活的思维和适应能力往往意味着能够充分利用手头现有的东西。我们可以做一个简单的类比，如果你饿了，第一想法肯定不是去最近的餐馆饱餐一顿，而是看看家里的橱柜里有什么，能不能马上给自己做点儿吃的。

有些机构已经借助这种思维方式实现了技术应用上的突破，这种新突破被称为"节约型创新"。这种创新关注的焦点是如何利用现有的资源，而不是去找昂贵的高科技解决方案。汽水瓶灯泡就是一个典型的"节约型创新"案例。在很多热带国家，为了躲避暴雨和烈日，穷人们只能居住在黑暗的小屋子里。即便是在白天，他们也要依靠昂贵的电灯泡进行照明。然而，在菲律宾，救援人员想到了一种新的办法，让光可以照进这些黑暗的小房子里。他们会把容量为一升的空汽水瓶装上水，同时放一些漂白剂进去避免发霉。接下来，他们会在屋顶上开一个洞，然后把装了水的汽水瓶嵌在这个洞里，确保半个瓶身都露在外面。阳光会照射到汽水瓶露在外面的部分，瓶子里的水则会把光反射到屋子里。仅仅借助一个废弃的汽水瓶、一些水和一点儿漂白剂，救援人员就造出了全世界最安全、最便宜的 55 瓦灯泡。

在另一个案例中，斯坦福大学的生物工程学教授马努·普拉卡什发明了世界上最经济实用的显微镜——折纸显微镜。借助一张预先印刷好的卡片，几分钟时间就可以做出一台折纸显微镜，显微镜使用的玻璃透镜也很便宜。做好的折纸显微镜的重量仅为 8 克，它的放大倍数足以支持观察各种各样的细菌和寄生虫。有了这种显微镜，发展中国家的人们就不需要长途跋涉去看医生了，而且也不需要等待数月，相反，只要花极少的钱，他们就能接受测试和诊断治疗。

等你下次想为新的冒险投入时间或金钱时，先看看你手头上都有什么，能不能找到更省钱、更灵活的方式来达到你的目的。

通过掷骰子让自己孤注一掷

1971 年，卢克·莱恩哈特的畅销小说《骰子人生》出版，这本书现在已经成为经典。小说的主人公是一名精神病医生，从某一天起，他开始通过掷骰子做所有重要的决定。主人公在现实中是有原型的。莱恩哈特小时候是个很害羞的孩子，很多事情想做又不敢做，于是他就开始用掷骰子的方式来决定到底做不做。莱恩哈特很喜欢这种方式，于是骰子就成了他生命的一部分，他借助掷骰子克服了拖延症，并且迫使自己走出了舒适区。

骰子以一种意想不到的方式在他的生命中扮演了重要角色。比如说，有一天开车回家时，莱恩哈特看到两名护士在路上走着。他决定通过掷骰子看看是否让她们搭车。如果掷出来的是奇数，那就捎她们一段儿。结果掷出来的的确是奇数，护士们上了车，他们愉快地聊了起来。在这段路程中，莱恩哈特迷上了其中的一名护士，并最终把她变成了自己的妻子。

很多年来，世界各地都有人用掷骰子的方式来做决策，他们想通过这种方式给自己的生活加点儿料。企业家理查德·布兰森说他年轻时就用过这种方法。骰子首先告诉他每到整点时都要大声尖叫。又掷了几次后，布兰森发现他必须飞去芬兰看棚屋乐队的演出。那天稍晚些时候，布兰森已抵达赫尔辛基的演唱会现场。当时钟指向晚上 10 点时，布兰森听从了骰子的安排，开始大声尖叫。观众们都不知道发生了什么，乐队也很不高兴。在整个演唱会进行期间，布兰森坚决听从骰子的安排，所以后来又在整点时发出了尖叫声。24 小时后，布兰森觉得有点儿失控了，这才决定停止实验。尽管如此，他还是表示在职业生涯中多次受到过骰子的影响。

通过掷骰子给生活增添一些随机的元素吧。当你要做出某个决定时，把 6 种可能出现的场景都写下来。你要决定的事情可能是今天做什么、晚上去哪里或者看哪个台的电视节目。如果你足够勇敢，还可以通过掷骰子决定跟谁在一起、应该把什么放弃一年或者应该学习哪种外语。只选你的确已经为其做好准备的选项。写下可能出现的场景，从 1 到 6 给它们编上号，然后开始掷骰子。在开始之前，要对自己发誓。不管骰子选择了什么，你都会去执行。不允许更换场景，也不能食言。

现在，请掷骰子吧，享受这个过程，看看结果会是什么。你可能永远也不需要借助一个毡尖笔离开月球，但你在适应能力和即兴思维方面的提升终将成为你人生中的宝贵财富。

小结

就应对突发事件而言，随机应变才是成功的关键。要想成为一个思维灵活的人，你需要做到：

★ 尝试做做思维瑜伽。做一件不同于往常的事情。比如，你可以培养一种新的兴趣爱好，见见没见过的人，改变上班路线等。

★ 想为新的冒险投入时间或金钱时，先看看你手头上都有什么，能不能找到更省钱、更灵活的方式来达到你的目的。

★ 通过掷骰子让自己孤注一掷。针对一个问题写下可以采取的 6 种行动或潜在解决方案，然后掷骰子，尽情享受出乎意料的结果带给你的力量和欢乐吧。

任务完成

美国的太空计划看似不可能成功，最终却取得了辉煌的成果。肯尼迪在休斯敦发表历史性的登月演讲才仅仅过去 7 年，他们就已经把宇航员送上了月球，而且把他们安全带回了地球。任务控制人员是这项伟大事业的核心所在：杰瑞·博斯蒂克在密西西比州的乡下长大，但他参与设计了阿波罗宇宙飞船的飞行轨道；26 岁的史蒂夫·贝尔斯最初的工作是带人参观载人航天中心，但他在阿姆斯特朗历史性的登月之旅中承担了登月舱的监测重任；埃德·芬德尔最初学的是销售专业，却成为宇航员与地面沟通所用通信系统的监控人员；还有克里斯·克拉夫特，出生在弗吉尼亚州的一个小镇上，从小家境一般，却为整个任务控制中心奠定了坚实的基础，并且带领整个团队迈向了成功。

在这段旅程中，我们一起探讨了 8 个心理学原理，我认为任务控制中心之所以能够取得惊人的成就，正是因为有了这些原理的支撑。我们看到了激情带来的强大力量和创新的重要性。我们已经知道自信能够激励我们行动起来，也知道了只有从失败中吸取教训才能走向成功。我们发现了尽职尽责是成功的基础，而勇气是成功的跳板。最后，我们探究了防御性悲观对做好充分准备的积极意义，也发现了只要保持足够的灵活性，即便遇到意料之外的波折也能从容应对。

现在该做最后一次练习了。为了提醒自己，任务控制人员经常会列出重要信息的大纲。我们也把这 8 个原理的要点和每个原理中最重要的技巧列举如下。你可以看看哪些原理和技巧更适合你，哪些原理和技巧是你将来要特别关注的。

激情

肯尼迪用野心勃勃的登月愿景给整个国家注入了活力，你也要对自己的目标和抱负充满激情。

——为自己树立一个宏伟的目标，为自己设定一个颇具挑战性的最后期限，或者想办法在某个方面成为第一个吃螃蟹的人。

——把使命感注入任何类型的活动，问自己一个简单的问题："这对别人有什么帮助？"通过营造竞争意识开启自己的太空竞赛。

创新

约翰·霍博尔特想到了一个全新的登月方案，你也要让自己有很多新颖的想法，并确保选择最佳的那一个付诸行动。

——利用好逆向思维。确认下其他人都是怎么做的，然后考虑从相反的方向着手（记住，当绝大多数工程师都倾向于建造巨型火箭时，霍博尔特选择了打造几个小型的飞行器）。

——利用好"少即是多"原则。设想你能够调用的资源、时间、能量或资金都只有现在的一半了，那么，你会怎么做？

自信

任务控制人员都太年轻了，他们根本不知道在几年时间内实现登月几乎是不可能的。你也要让自己跟他们一样自信才行。

——记住小小的胜利拥有强大的魔力。把你的宏伟目标拆分为一个个的小步骤，然后分阶段去完成它们，一旦拿下一个小目标，就庆祝一番。

——如果你产生了自我怀疑，花些时间想想你到目前为止取得的那些辉煌成就吧。

从失败中学习

悲剧性的"阿波罗"1号大火让阿波罗团队能够更开诚布公地对待所犯的错误，也让他们学会从自己的失误中吸取教训。同样的道理，你也要接受棘手的挑战，坦诚承认自己的错误，并把失败当作成长的机会。

——向戴尔·卡耐基学习，把你干过的蠢事儿列个清单，并写上你从中学到了什么。

——记住，借助"暂时"这个具有魔力的词塑造"成长型"思维模式（健身暂时还不是我擅长的事情）。

责任

不管做什么或者不做什么都要负起责任来，学习阿波罗团队的行事准则：

"任务不会因为我而失败。"

——打败拖延症。记住："不要因为你没有时间去做所有你想做的事情就什么都不做。"为自己设定明确的最后期限（"我明天下午 3 点给你发邮件"）。

——不要过度承诺。当有人让你对未来需要完成的事情做出承诺时，先问问自己："我是不是明天就想做这件事情？"如果你的答案是否定的，那就想办法礼貌地拒绝对方的要求。

勇气

飞行主管格林·伦尼说过一句令人印象深刻的话："如果你要去月球，那你迟早都得去月球。"找到让自己停止空谈、开始行动的勇气吧。

——评估风险，并记住肯尼迪的名言："采取行动是有风险和成本的。但长远来看，这些远小于安于现状的成本和风险。"

——可以冒险，但不要鲁莽。不要因为已经投入了时间、精力或资金就一定要坚持做下去。记住，你不是非得今天去月球不可。

做好充分的准备

任务控制中心会模拟任何可能出现的情况，你也要向他们学习，做好充分的准备。

——利用"假若……将会怎样"这种思维模式为可能出现的情况做好应急方案。

——进行"事先验尸"。设想你的项目已经失败了，想想到底是哪里出了问题以及如何才能防止出现重大问题。

灵活性

奥尔德林灵活运作一支毡尖笔确保了登月舱可以顺利离开月球表面。同样的道理，当出现突发事件时，你也要做好灵活应对的准备。

——经常做一件不同于往常的事情。尝试新的食物，培养新的兴趣爱好，见见没见过的人，或者改变上班路线。

——通过掷骰子让自己孤注一掷。针对一个问题写下可以采取的 6 种行动或潜在解决方案，然后掷骰子，顺其自然。

采访任务控制人员还给了我一个最大的惊喜。取得成功是一回事，能够掌控成功带来的后果就是另一回事了。在过去的这些年里，我有很多的时间跟很多非常成功的总裁、领导者和名人在一起。胜利往往会钻进人们的脑子里，让他们变得喜欢自吹自擂，妄自尊大。就此而言，阿波罗项目又为我们提供了一盏指路明灯。尽管在登月中扮演了重要角色，尽管这是人类有史以来取得的最辉煌的成就，但任务控制人员是我有幸采访过的人中最谦虚的一群人。他们在接受采访时说的往往是"我们"而不是"我"，他们总能迅速指出他们的同事扮演的重要角色。其中很多人谈到能够参与太空计划是他们的荣幸，他们还会说，登月是举全国之力支持一个伟大而勇敢的事业，能够生活在那样一个时代他们是多么幸运。

这种谦虚的态度往往会被误解为缺乏自尊。事实上，研究发现恰恰相反。

谦虚的人更容易获得安全感，所以他们才乐于贬低自己的成就，乐于跟别人分享荣誉。对他们而言，成功并不是为了提升自己的地位或者自我吹嘘，而是为了客观看待他们取得的成就，并承认他们自身之外的因素发挥的作用，比如他们受到的良好教养、运气以及其他人。

最近的研究表明，谦虚的人往往更无私、更宽容、人缘更好、更懂得感恩，也更具协作精神。可想而知，这意味着他们拥有更多的朋友，更容易坠入爱河，而且关系维持得也会更长久。在工作场所也是一样。在团队协作中，谦虚是非常重要的品质，跟工作满意度和生产力都正相关。此外，谦虚也是获得卓越领导力的基础，是促使一个组织从优秀到卓越的最重要的因素之一。

任务控制人员的这种谦卑感可能是因为他们大多来自普通的家庭，可能是 20 世纪 50 年代和 60 年代通行的社会准则所致，也可能是因为他们必须齐心协力才能实现登月梦想。不管原因到底是什么，他们的这种谦卑感都令人钦佩、感人肺腑。遗憾的是，在现代社会中，如此谦虚的人看起来越来越少了。不少研究表明，自我膨胀和自我陶醉的人越来越多了。或许社交媒体起到了推波助澜的作用，现在，这个世界上到处都能见到争先恐后挤向舞台中央的人。

幸好，改变并不难。当你取得成功的时候，花一些时间想想任务控制人员是如何谈论他们取得的辉煌成就的。选择"我们"而不是"我"。反思一下，你的成功在多大程度上要归功于朋友、合作伙伴、老师、父母、家人和同事的支持。要承认你是碰到了好运气，要承认你受到了良好的教养，要承认你所处的环境帮了你大忙。

阿波罗计划带来了诸多的技术进步，从家用隔热材料到减震运动鞋，从记忆泡沫床垫到防刮镜片，从防火服到集成电路，你日常生活中用到的很多东西都直接来自阿波罗任务。然而，阿波罗任务带来的最持久的效益之一并非技术上的，而是心理上的。

1968 年的平安夜，"阿波罗" 8 号的宇航员们正在进行绕月飞行。透过飞船小小的舷窗，他们看到了地球从月球表面缓缓升起，于是迅速抓拍了几张彩色的照片。其中最棒的一张 "地出" 照片是威廉·安德斯拍摄的，这也是有史以来知名度最高、传播最广的照片之一。当人们看到 "地出" 照片时，通常会感受到观念上的突然转变。看到这个飘浮在太空中的美丽的蓝色星球时，有些人会把它跟月球表面毫无生机的荒芜景象进行对比，并因此觉得能够生活在地球上是多么幸运。也有人从照片中看到了在广袤的宇宙中人类是多么孤独；它生动地表明了人类发动的可怕战争和自相残杀行动是多么乏味。在更多人看来，这张照片揭示了地球是多么渺小、多么脆弱，它让人们强烈地感受到需要更好地管理我们生活其中的这颗星球。事实上，人们普遍认为，"地出" 照片和阿波罗任务中拍摄的其他类似照片的确促进了全球范围内的环保运动。正如宇航员比尔·安德斯所言："为了探索月球，我们一路走来，结果最重要的是，我们发现了地球。"

正如从太空拍摄的地球照片让数以百万计的人开始重新审视自己和这个世界一样，把人类送上月球的思维模式也让我们能够以全新的视角看待成功。提到取得很高成就的人，你的脑海中可能会浮现出奥运会选手的身影，借助先天的优势和极其严格的训练，他们在奥运会的领奖台上为自己赢得了一席之地。你马上想到的也可能是那些头脑冷静、言辞犀利的总裁，他们唯一关心的就是不断提升企业的盈利状况；你还可能想到那些亿万富翁，他们背景显赫，拥有广泛的社会关系，继承了巨额的财富；想到那些企业家，他们冒着极大的风险掘到了第一桶金，然后建造了一个又一个商业帝国。

任务控制人员跟这些人都截然不同，他们重新谱写了一个成功故事。他们是一群普通人，来自普通的家庭，却完成了一个看似不可能实现的目标，而且是为了全人类的利益。他们证明了还有一种新的成功模式。哦，对了，在整个过程中，他们都保持了谦逊的姿态。

每当你抬头遥望月球的时候，都要记得他们的励志故事。

尽管困难重重，但他们做到了。

你，也可以做到。

附录
APPENDIX

宇航员挑战

如果你是在一张平铺的纸上解这道难题，那么，宇航员挑战是不可能完成的。这道题的数学证明有点儿复杂，其中涉及图论、节点、垂直和若尔当曲线定理。不过，为了有一个大致的概念，我们来看看你在试图解开这道难题时经常出现的两种情形。

第一种情形，你先把两名宇航员分别跟 3 个箱子相连，结果把第三名宇航员留在了连线的外面，如图所示：

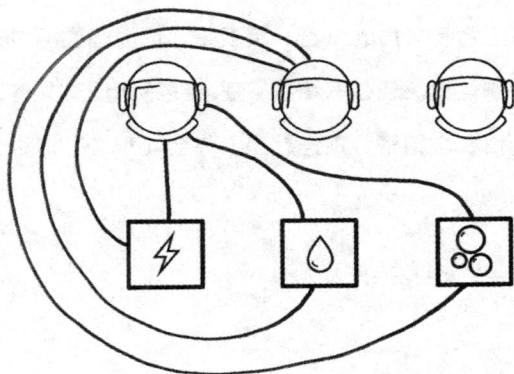

正如你所看到的，在连线不出现交叉的情况下，现在已经不可能把第三名宇航员跟代表"电"的箱子连起来了。

第二种情形，第三名宇航员被围在了连线的里面，如图所示：

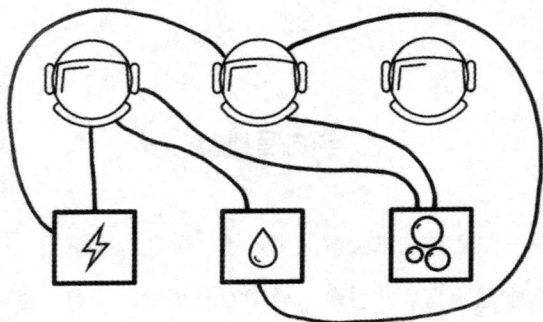

也正如你所见，在连线不出现交叉的情况下，现在也不可能把第三名宇航员跟代表"电"的箱子连起来了。

要想解开这道难题，最有趣的方式就是改变游戏规则，到一个曲面上去解。如果你想探究下这种解法，可以拿出一个面包圈和一支笔，在面包圈的三层表面标注下三名宇航员的位置。接下来，把面包圈翻过来，在下层表面标注好 3 个箱子的位置。现在再看看，在连线不出现交叉的情况下，是否可以把三名宇航员和 3 个箱子分别连起来。你会发现，在这种情况下，真的可以做到！

致谢

如果没有很多人的支持和协助，这本书根本不可能出版。

首先，我是在跟喜剧演员和太空迷海伦·肯闲聊时想到写这本书的。在整个写作过程中，海伦都给予了我极大的支持和帮助，而且介绍我认识了另一位太空迷克雷格·斯科特。谢谢你，海伦。

说心里话，克雷格太了不起了！他对太空探索充满了激情，而且跟很多任务控制人员都成了铁哥们。克雷格把我介绍给了这个优秀的群体，在项目的早期阶段给了我巨大的支持，而且在整个过程中都一直在不停地帮助我。克雷格，谢谢你为我付出的时间和精力，谢谢你的好意。

接下来就要感谢这些任务控制人员了。特别感谢所有花时间给我发邮件或者陪我聊天的人：史蒂夫·贝尔斯、杰瑞·博斯蒂克、查尔斯·戴特瑞克、曼弗雷德·冯·埃伦弗里德、埃德·芬德尔、格里·格里芬、杰伊·霍尼克特、迪克·库斯、格林·伦尼和道格·沃德。跟你们聊天和互通邮件不仅对我帮助巨大，而且也是一件很愉快的事情。能够认识你们真是我的荣幸。再次感谢大家。

此外，我还要感谢顶级律师特里·阿洛克和任务评估室的优秀工程师杰瑞·伍德菲尔，他们都满怀激情地谈到了肯尼迪在大学发表的登月演讲。我还

238

要真心感谢发明家和工程师迪克西·莱因哈特抽出宝贵的时间跟我聊天，感谢他的兄弟巴尔菲帮忙安排我们的会面，巴尔非是个很有趣的人，也感谢他的女儿塔尼娅从中帮忙。我还要感谢来自奥本大学的安德鲁·贝尔德，谢谢他用如此吸引人的方式为我解读廷德尔的备忘录，帮我进入了一个奇异的文字世界。我还想感谢资深太空迷奥齐·奥斯班德，感谢他用那个特别的号码跟我通话。特别感谢了不起的詹姆斯·伯克——跟你聊天太愉快了，是的，我没忘记给这本书起个名字！

此外，非常感谢大卫·布里特兰德、肯·吉尔胡利、考林·阿特雷和杰夫·桑福德，他们一直在鼓励我，给我提了很多宝贵的建议。

如果没有我的经纪人帕特里克·沃尔什以及三位编辑乔恩·巴特勒、凯蒂·弗莱恩和玛丽安·利奇，这本书也根本不可能出版，你们都是最棒的。

最后，跟往常一样，如果没有我的合作伙伴卡洛琳·瓦特的鼎力支持，这本书也不可能面世。

上面提到的每个人都给了我巨大的帮助，但最终为书中的事实、数字和心理学部分负责的人肯定是我自己。

作者简介

理查德·怀斯曼教授被《科学美国人》的一名专栏作家誉为"当今世界上最有趣、最具创新性的实验心理学家"。

作为热心的科学倡导者，理查德已经出版了好几本畅销书，其中包括《幸运因素》（研究幸运儿的生活和思维）、《怪诞心理学》（研究日常生活中的趣味科学）、《59 秒》（研究能让人迅速变得更开心、更高效的心理学技巧）。

理查德经常在各种媒体上发表演讲。他的视频在 YouTube 上的播放量已超过 5 亿次。《星期日独立报》曾列出 100 名帮助英国成为更宜居之地的人，理查德名列其中。他也是英国唯一的大众传播心理学教授，目前任教于英国赫特福德大学。

理查德的研究成果已经发表在不少世界顶级的学术期刊上，他还在遍布全球的各种组织里发表过主题演讲，其中包括瑞士经济论坛、谷歌和亚马逊。